毎日がピカピカになる
「水まわり」の洗いかた

トイレ・キッチン・風呂場の
汚れがおもしろいほど落ちる！

お掃除職人 きよきよ

興陽館

暮らし、すっきり、
キレイですか？

キッチン、
風呂場、トイレ。
これがキレイだと
気持ちも
あがりますよね！

毎日の暮らしも
ピカピカに
輝きだします！

この本では
すぐできるカンタン時短！
「水まわり」の
洗いかたを
大公開します！

き

はじめに

とってもカンタン！
特別な道具も力もいらない！
水まわりも暮らしも
ピカピカにしてみませんか？

暮らしの汚れってなかなかとれませんよね。
ゴミは捨てればいいし、モノは片づければスッキリします。
でもこびりついたガンコな汚れって、いつまでも残っています。

暮らしの汚れは水まわりの汚れです。

キッチン、風呂場、トイレ、五徳や排水口のパーツ……。
水道がある暮らしは便利ですが、汚れも溜まりやすいです。
一度汚れたら、これがガンコでなかなかとれない。

こんにちは。はじめまして、お掃除職人のきよきよです。
わたしはハウスクリーニングで、毎日水まわりをキレイにしています。
どんなガンコな水まわりの汚れもコツさえつかめればカンタンに消えていきます。

水まわりが新品そっくりになるのです。

みなさんとても驚いています！

汚れをどんどん落としていく工程を工場見学のようにお見せして楽しんでいただこうと、その方法をYOUTUBE動画にアップしたところ、登録者数があっというまに27万人を突破しました。

どれだけ多くの人が水まわりの汚れに悩んでいるのか、ということですよね。

水まわりの汚れって本当にカンタンに落とせるんですよ！

使うのはふつうにスーパーで売っている市販洗剤４種類だけです。
場所ごとのナントカ用洗剤はもう必要ありません！
ごしごしこする力も不要です。

この本ではなるべくシンプルにわかりやすく、水まわりを洗う具体的な方法をお伝えしていきます。

シンプルに見開きで「やること」だけを書きました。

ＰＡＲＴ２から具体的なやり方を書きました。

手にとって開いていただき、そのままの手順でステップ１からやっていただければ、水まわりがピカピカになっていくでしょう。

本書をひらいて、今日からはじめてみてください。

カンタンな手順で、みるみるうちに汚れが落ちていきますよ。

水まわりがキレイになれば、毎日もピカピカになっていきます。

みなさんの日々の暮らしもピカピカに輝かせていきませんか！

CONTENTS —— 目次

PART 2

キッチン、風呂場、トイレすぐできる「水まわりの洗いかた」大公開!!

エリア2

風呂場を洗う！ …… 115

水まわりを洗う
プロのワザを
大公開します！

新品のように
ピカピカに
なります。

PART 1

水まわりをお掃除すれば毎日ピカピカ、爽やかになる！

洗剤選びは「成分表示」で決めてみる！

ガンコな汚れはしっかり落とそう

水まわりの汚れって気になりませんか？
トイレ、風呂場、キッチン、水まわりの汚れって本当になかなか落ちないですよね。
汚れやすく落としにくいんです。
あなただけじゃありません！

ガンコな汚れにみなさん悩んでいます。

やっかいな汚れはしっかり落としましょう。

汚れ落としは「場所」で考えるのではなく「成分」で考えよう

まずは掃除道具が必要です。

あなたは汚れを落とそうと考えて道具を買いにいくとしましょう。

汚れを落とす道具といえばもちろん「洗剤」ですね。

掃除用の洗剤をお店やネットで購入しようとすると、それぞれの場所のネーミングで、さまざまな洗剤が売られています。トイレ用、バス用、キッチン用、レンジ用、窓用、フローリング用……。

こんなとき、これから掃除をしようとしている場所の名前がついた洗剤をついつい買ってしまいがちですが、購入するときには、ぜひそれぞれの洗剤の裏面に表示されている「成分」を確認する習慣をつけてみてください。

バス用やトイレ用など、場所ごとに洗剤を買っていると、お金もかかるし収納場所もとります。

商品名にまどわされず、「場所」ではなく、「成分」で洗剤を購入するよう心がけましょう。

汚れの性質には大きくわけて3つあります

① アブラ汚れなどの酸性の汚れ
② カビ汚れなどの中性の汚れ
③ 水アカ汚れなどのアルカリ性の汚れ

です。汚れを落とすには、それぞれの性質を中和する洗剤を使用する必要があります。

家のなかの汚れは、この3つです。

これら3つの汚れを落とせればよいので、場所ごとの洗剤をいちいち買う必要はないのです。

洗剤のラベルの成分欄に、「液性」という項目があり、そこにアルカリ性や酸性などの表示があるので、必ずチェックしてから購入するようにしましょう。

それだけでものすごくお掃除上手になれます。

アブラ汚れは酸性で、「アルカリ性」の洗剤を使用します。

カビ汚れは中性の汚れで、「塩素系」の洗剤を使います。

水アカ汚れや便器の黄ばみはアルカリ性で、「酸性」の洗剤を使用します。

このことさえ覚えておけば、あなたは何本も洗剤を買う必要がなくなります。

バス用のカビ取り剤をキッチンで使っても、トイレ用の洗剤を浴室で使っても、何も問題はありません。

洗剤は基本この4種類あればいい！

洗剤選びはシンプルに！

先ほど申しましたように、数多くのメーカーからさまざまな商品名の洗剤が出ていますが、洗剤はこの４本あれば十分です。

裏の成分をみてください。

「アルカリ性」「酸性」「塩素系」「中性」にわかれます。

1 アルカリ性の洗剤

ガッツリしたキッチンのアブラ汚れはアルカリ性洗剤で落とします。

室内の汚れのほとんどを占めるのが、料理のアブラ、また人間やペットから出る皮脂汚れです。強いヨゴレはアブラ汚れです。アブラ汚れは酸性です。酸性の汚れはアルカリ性の洗剤で中和して落とします。換気扇やコンロなどのアブラ汚れは、泡で出てくるスプレータイプの洗剤が便利ですよ。

2—酸性の洗剤

水アカは酸性洗剤で落とします。

水道の蛇口や風呂場の鏡・キッチンのシンクなどの水まわりにできる白い汚れ・便器の黄ばみや尿石といった水アカは、アルカリ性の汚れです。アルカリ性の汚れは、酸性の洗剤で中和して落とします。ただし、溶かす作用が強いため、使用する際は注意が必要です。注意事項をよく読んで使用しましょう。

3—塩素系の洗剤

カビは塩素系洗剤で落とします。

風呂場の黒カビやピンクの汚れ・排水口の黒カビやヌメリ・便器の黒ズミなどは、中性の汚れです。これらの汚れは、塩素系の洗剤で除菌漂白をします。

4 ― 中性の洗剤

食器は中性洗剤で洗います。

食器用洗剤には弱酸性や弱アルカリ性などさまざまな商品がありますが、どれでもOKです。市販の中性洗剤には界面活性剤が入っていて、汚れを包み込んで落とします。酸性やアルカリ性では変質する恐れのある素材や、それほど強くない汚れに適しています。

こびりついてしまった水アカ汚れは、洗剤をつけて洗っただけでは完全に落とすことはむずかしいため、その場合は研磨剤入りの洗剤（クレンザー）を使用します。また、クエン酸や重曹などナチュラル系の洗剤では、強い汚れはなかなか落ちないことが多いです。そのような自然派由来の洗剤は、強い汚れを落としきってから、日々のお掃除に使用しましょう。

酸性洗剤

アルカリ性洗剤

中性洗剤

塩素系洗剤

風呂場のカビはこれで防ぐ！

カビはこんな場所にできる

カビは、風呂場、排水口、便器といった、水まわりや湿気の多い場所に発生します。

もっともカビが生えやすい場所といえば風呂場です。浴槽の外側、壁、床など、いたるところに黒カビが発生します。

カビは、温度（20～30度）・湿度（80％以上）・栄養（ホコリ・食べかす・石けんかす・人のアカなど）の3つの条件がそろうと、どんどん増えていきます。

風呂などの水まわりだけでなく、クローゼットの奥や家具の裏側の壁などでも発生することがあります。

カビを予防するには、風とおしをよくすることです。湿度が高くならないようにし、カビにエサを与えないようこまめに掃除をしてください。

逆に、温度・湿度・栄養の3つのうちひとつでも排除できていれば、カビが増殖することはありません。お風呂から出る際に、100均で売ってる水切りワイパーやスクイージーで壁や浴槽の水滴を除去するだけでも効果があります。

カビが増殖しヌメリがひどくなった場合、それらを落とすためには塩素系の洗剤を使用します。

キッチン用・浴室用・トイレ用など、用途別に売られていますが、成分はほぼ同じです。ちがいは、殺菌漂白作用のある次亜塩素酸ナトリウムの濃度と、液体や泡やスプレータイプなどのいわゆる形状です。
浴室用のカビ取り剤をキッチンで使用しても、トイレ用やキッチン用を浴室で使用しても、まったく問題はありません。たとえば、ジェル状のトイレ用塩素系洗剤は、素材によく密着するため、浴室の扉のゴムパッキンのカビ取りに最適です。

とはいえ、カビは発生させないことがいちばんです。カビを発生させないための日々のちょっとした心がけで、増殖したカビやヌメリを目にして憂鬱になることがなくなり、気持ちよく生活することができます。

あらゆる汚れを落とす4つのポイント

掃除のポイントは「洗剤」「研磨」「温度」「時間」です！

汚れは時間が経てば経つほど落ちにくくなります。アブラ汚れも水アカ汚れも、固まる前に落とすことが重要です。洋服の食べこぼしの汚れも、すぐに落とせば落ちることが多いけれど、時間が経つとシミになってしまいます。お部屋の汚れもまったく同じです。もし、汚れをそのままにして時間が経ち、汚れが落ちにくい状態になってしまった場合でも、以下の４つのポイントを頭に入れておけば、あらゆる汚れに対応することができます。

1　汚れの性質に合った洗剤で汚れを中和する

中和することで汚れがゆるむため、落としやすくなります。カビ汚れに対しては、塩素系洗剤を使用して殺菌漂白して落とします。

2　汚れは研磨して落とす

アブラ汚れでも水アカ汚れでも、時間が経ちこびりついた汚れは洗剤だけではキレイに落ちません。スポンジでこするのもかなりの労力が必要です。そこで使用したいのが、研磨剤の入っている、一般的にクレンザーと呼ばれるものです。なかでも、液体クレンザーがオススメです。汚れがひどい場合は、掃除用のヘラ（スクレーパー）も使用して落とします。

しかし素材を痛める可能性もありますので、必ず目立たないところで試してくださいね。

3 お湯につけて温め、汚れをゆるめる

お湯は最強の洗剤です。

アブラ汚れは温度に弱いという性質があるため、お湯につけて汚れをゆるめてから落とします。素材の変形をさけたい場合、熱湯ではなく40度くらいのお湯を使用するとよいでしょう。

なお、暑い夏にお掃除すると、すでにアブラが柔らかくなっているのでオススメですよ。

4 つけ置く時間をとる

お掃除上手になる「100円ショップで買える7つ道具」

100均にもあります。手ごろなお掃除便利グッズ

100円ショップは、便利な掃除グッズをそろえるのに最適です。店舗ごとに規模や品揃えがちがいますが、以下にご紹介する商品は、比較的どの店舗でも手に入りやすい商品です。上手に活用しましょう。

☑**マイクロファイバークロス**

ホコリを取りたいときには乾拭き、汚れを拭き取りたいときは水拭き、アブラ汚れには水で濡らしてしぼり中性洗剤を1～3滴たらして使います。水で濡

らしてしぼって使うことで、網戸掃除などにも使用できます。

☑メラミンスポンジ

いろいろな汚れを落とすのにとても便利。どこの100均にも置いてあります。ただし、曇り止め加工をしてある鏡やワックスのかかったフローリングなど、コーティングされている箇所には使用しないよう注意が必要です。

☑コゲ取りスポンジ

シンクのなかのガンコな汚れや、蛇口の白く固まった水アカ汚れのお掃除に便利。なかがスポンジ状になっているものがオススメです。スポンジタイプは中性洗剤をつけて使えるため、より汚れが落としやすくなります。

☑ツインブラシ

両端にそれぞれソフトとハードのブラシがついています。ソフトのほうでサッシの溝や、浴室の扉のゴムパッキンの汚れをかき出します。また、小物を洗うときにも重宝します。ハードのほうでは蛇口や排水口の水アカやヌメリを取りのぞくのに便利です。

☑スクイージー（水切り）

窓掃除に使用すると、拭きあとが残らずキレイに仕上がります。また、入浴後に浴室の鏡に使うと、ウロコ汚れを防ぐことができます。

☑ナイロンタオル

もともと体を洗うものなので柔らかく、素材を傷めずに掃除ができます。入浴後お湯を抜いた際に浴槽をさっと拭けば水アカの防止になり、ついでに蛇口に巻きつけて磨くと蛇口がピカピカに光ります。

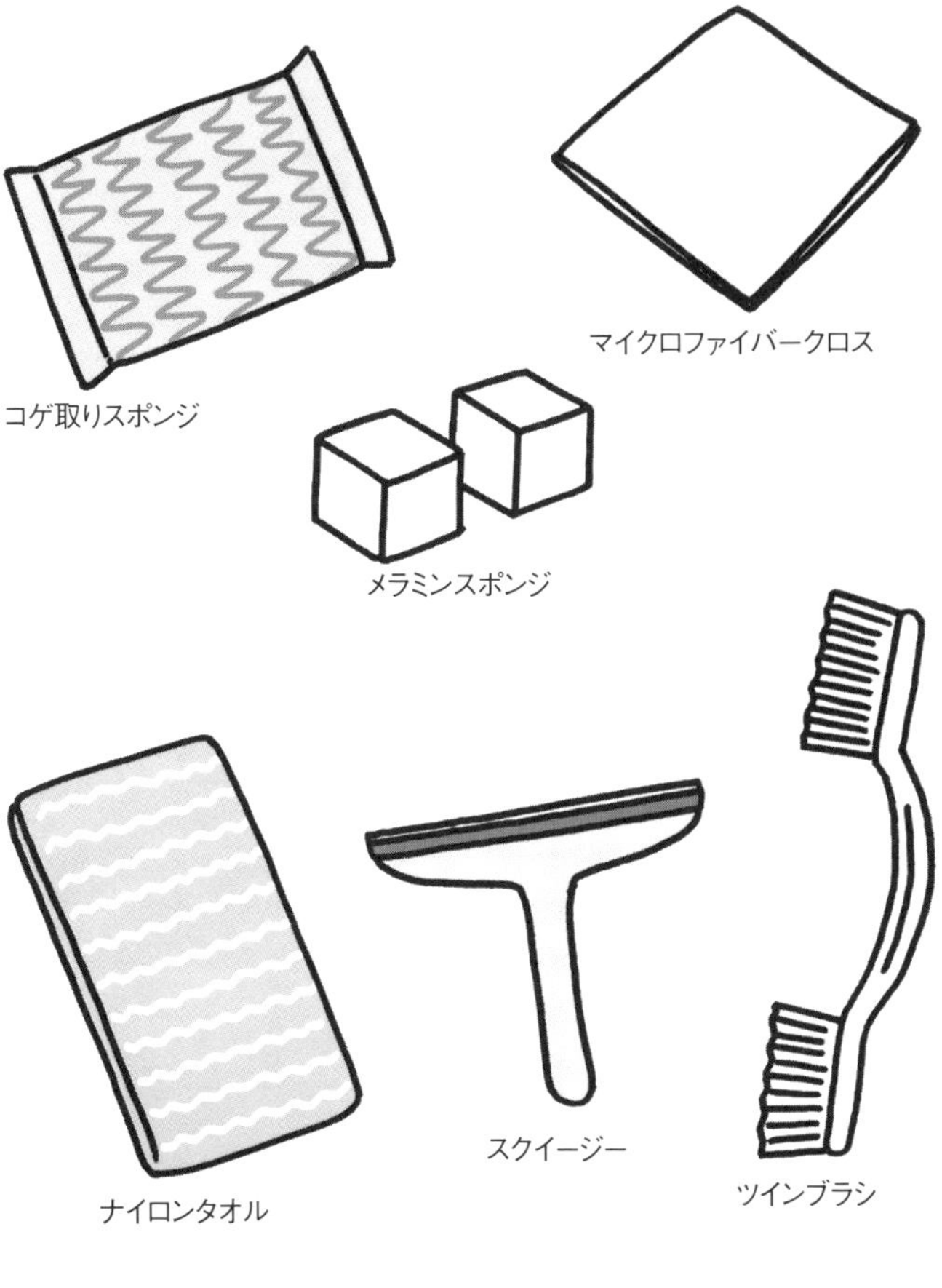
コゲ取りスポンジ
マイクロファイバークロス
メラミンスポンジ
ナイロンタオル
スクイージー
ツインブラシ

汚れはすぐ落とす！

毎日の3分お掃除タイムでキレイをキープ

汚れは、時間が経ってからより、汚した直後に取ったほうが、ずっとずっと落としやすく、ごく短時間の掃除ですみます。

たとえば調理中にコンロについたアブラ汚れは、時間が経つと固まり、落としにくくなってしまいます。

調理直後のアブラが跳ねて飛んだ液体の状態なら、水で濡らしたフキンなどでさっと拭き取ることができます。洗剤を使う必要もありません。

シンクも、水滴を残しておくと水道水のミネラル分が固まり、白くてガンコな水アカ汚れになります。使用後もしくは就寝前に水滴をフキンなどで拭く習慣をつけましょう。

また、シンクのゴミ受けのゴミを入れたままにしておくと臭いやヌメリが発生してしまいます。毎日捨てることを心がけましょう。

浴室の水アカや湯アカも、入浴した直後であれば、体を洗うときに使うナイロンタオルでさっと拭くだけで落ちます。入浴後、お湯を落としてから浴槽内の水滴をナイロンタオルでさっと拭くだけでOKです。これを翌日まで放っておくと、力をかけたり洗剤を使わないと落ちなくなってしまい、時間も労力も使うことになります。

また、キッチンの換気扇に不織布の換気扇フィルターをかけておくのとおかないのとでは、内部のファンの汚れかたがぜんぜんちがいます。換気扇が汚れてアブラの吸い込みが悪くなると、部屋にアブラの臭いが発生し、そのアブラの臭いは害虫を寄せ付けることになり……と悪循環がはじまります。換気扇にはフィルターをかけるようにしましょう。

調理後にすぐコンロを拭く、入浴後には浴室の床や壁を拭き鏡の水切りをするなど、ほんのひと手間の掃除グセをつけると、ガンコな汚れに時間や労力を使ったり、汚れのことを考え憂鬱になることもなくなります。

掃除が苦手な人、掃除に時間や手間をかけたくない人は、使用後に汚れをすぐに取るクセをつけましょう。

がっつり派、自然派、あなたはどっち派？

毎日のお掃除には優しいナチュラル系洗剤がオススメ

クエン酸や重曹、セスキ炭酸ソーダなどの、化学薬品を含まない自然由来の素材を使ったナチュラル系洗剤を使いたい方も多くいらっしゃると思います。

長期間の汚れをしっかり落とす、いわゆる〝がっつり掃除〟をするには、アルカリ性洗剤や酸性洗剤などの汚れに対して攻撃力の強い合成洗剤を使用するのが最適です。
しかし、これらの〝汚れがよく落ちる洗剤〟は人体に対する攻撃力も強く、手袋をしないと手指が荒れたり、吸いこむと気分が悪くなることがあります。

ただ、便器内に付着したまま数日間放置された尿石汚れや、長い間掃除をしていないキッチンの換気扇のアブラ汚れなどを、ナチュラル系の洗剤だけで落とすことはかなりむずかしいのです。

長期間放置された汚れをいったんパワフルな合成洗剤ですっきり落とし、その後キレイな状態を維持するために、毎日の掃除にはナチュラル洗剤を使う、というのが地球にも人体にもやさしい方法だと思います。

ナチュラル洗剤は、弱アルカリ性です。
同じアルカリ性でも低い順に、重曹↓セスキ炭酸ソーダ↓酸素系漂白剤（過炭酸ナトリウム）となります。

クエン酸は弱酸性になります。

ナチュラル系の洗剤にも、それぞれ得意な汚れがあります。料理や食材、人の体から出る皮脂汚れなどのアブラ汚れは重曹などのアルカリ性洗剤で中和して汚れを落とします。

水まわりの白い汚れや鏡のウロコ、便器の黄ばみなどの水アカ汚れは、クエン酸で中和して汚れを落とします。

浴室や排水溝の黒カビやヌメリ、便器の黒ずみなどのカビ汚れは、過炭酸ナトリウムで除菌漂白します。

ナチュラル系洗剤は、塗布してから30分~数時間、きちんと放置する時間を取ってから洗い流しましょう。

このように、それぞれの洗剤の性質をうまく利用すれば、ナチュラル系洗剤は日々のお掃除に最適です。上手に活用しましょう。

トイレ洗いはブラシに頼らない！

毎日のトイレ掃除はこんなに楽でよいのです！

トイレ掃除。手袋をして便器をブラシでこする……考えるだけでおっくうな気持ちになりますよね。

ブラシでゴシゴシこすらなくても便器のなかをカンタンにキレイにする方法があります。

使用するのは塩素系の洗剤と酸性の洗剤。この2本のみです。

便器の汚れは2つあります。

水ぎわ近くにある黒い輪っかの汚れ、これは黒カビです。これには塩素系洗剤をかけ、30分放置し、その後流します。

便器のフチの汚れは尿ハネによる尿石汚れです。これには酸性の洗剤をかけて30分放置し、流します。

カビなどの黒い汚れには塩素系の洗剤。黄色い汚れや臭う汚れには酸性の洗剤。

この2本さえあれば、ブラシに頼らなくても清潔でキレイな便器をたもつことができます。

※注意※
塩素系洗剤と酸性洗剤は絶対に混ぜて使用しないこと！　塩素系洗剤はアルカリ性なので、酸性の洗剤と混ざると塩素系のガスが発生し、人体に影響を及

ぼす可能性があります。日を改めて、もしくは片方をきちんと流してからもう片方を使用するよう注意してください。

また、お手洗いが臭うことがある場合、臭う原因をなくさない限り、消臭剤や芳香剤をいくら使っても臭いは出続けます。男性が立って用をされる場合、尿が床や壁にハネていることが多いです。その場合は床や壁を中性洗剤で拭き、臭いのもとを絶ちましょう。

PART 2

キッチン、風呂場、トイレ すぐできる「水まわりの洗いかた」大公開!!

き

エリア1

AREA 1

キッチンを洗う!

みなさん、キレイなキッチンっていいですよね！

キッチンというのは、コツをつかみさえすれば、ちょっとお掃除をするだけでピカピカになるものなんですよ。そういうキッチンでお料理をすると気分も良くなりますよね。

逆に、カビとか食品の汁とか、そういうものが付いているキッチンでお料理をすると、気持ちも上向きませんよね。

雑菌もすごく繁殖していますから、健康にも良くないと思います。ですから、定期的にお掃除をしてみるのはいかがでしょうか！

キッチンがキレイで清潔感にあふれていると、キッチンに立つことも増えるかもしれません。キッチンに立つ頻度が増えるということは、いろんなお料理を作ったり、凝ったお料理を作ったりすることにつながるかも。

家のキッチンをピカピカにしてみませんか？

そうすると家族でキッチンに立つことが多くなって、美味しいお料理をみなさんで楽しめるということになります。ピカピカにするのが楽しくなります。

キッチンは、水アカが落ちるだけでもとてもキレイになります。

一日のうち、最後に使ったあとに乾拭きするだけで、キレイさを保つことができます。

一度キッチンをキレイにすると、もうこれからは汚したいと思わなくなるかもしれませんね。

1

シンクをキレイにする！

まずはこの手順ですすめてみてください。

シンクの洗いかた

ステップ1

コゲ取りスポンジでこする

ステップ2

排水口の汚れを落とす

ステップ3

水を流して詰まりを防ぐ

ステップ4

研磨粒子＃400で磨く

ステップ5

塩素系洗剤をかけて待つ

ステップ6

研磨粒子＃1000で磨く

ステップ7

研磨剤入りクレンザーで磨く

ステップ8

ゴム手袋でこする

ステップ9

洗剤の色が変わるまでこする

こんなに汚れているシンクが！

ビフォー1

いろんな汚れがついています。
カビと食品等の汚れがついて
乾いた感じです。
蛇口の真下は水アカがすごいですね。
フチなどの汚れも全部水アカです。

汚れを落とす前のシンク全体。

排水口の汚れもキレイに！

ビフォー2

**排水口の中もカビで真っ黒ですね。
みなさんのご家庭も
こうなっているかもしれませんよ?
これもキレイに落としちゃいましょうね
（フタは漂白剤につけ置きしています）。**

排水口の中の様子。

コゲ取りスポンジで軽くこする

ステップ1

まずはざっと、コゲ取りスポンジ（100円ショップで購入できます）と中性洗剤で汚れを落とします。コゲ取りスポンジの研磨力がカバーしてくれますので、軽くこするだけで十分です。

スポンジで磨きます。

排水口も汚れを落とす

ステップ2

**排水口の中も、
ブラシとコゲ取りスポンジで
汚れを落とします。**

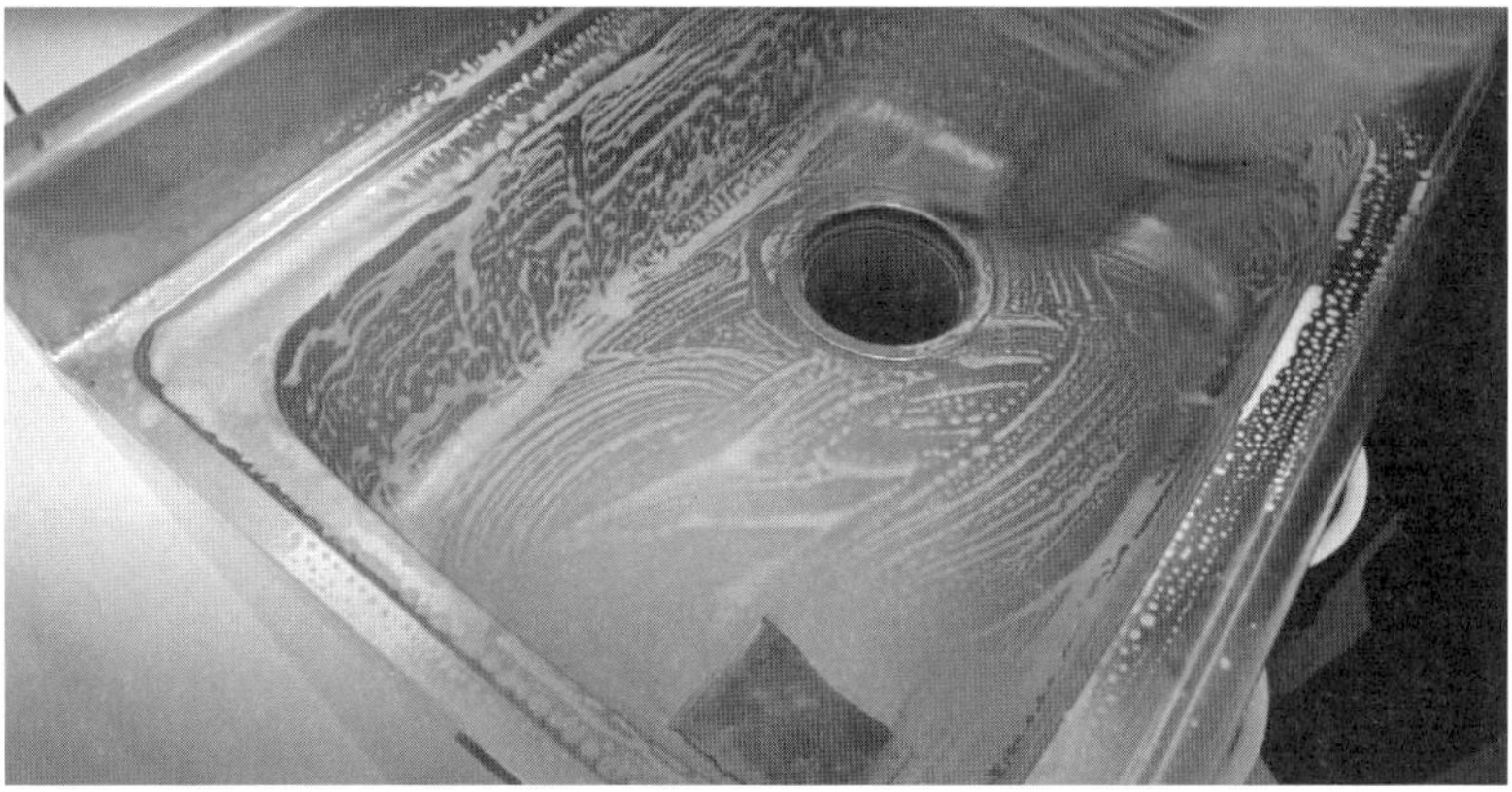

ブラシで排水口の中をこすりましょう。

少しの水を流します

ステップ3

キッチンを徹底的に掃除すると
けっこう汚れが出るんです。
それが排水口に詰まってしまう
可能性があるので、
キッチンのお掃除に関しては、
わたしは水をチョロチョロ流しながら
掃除をしています。

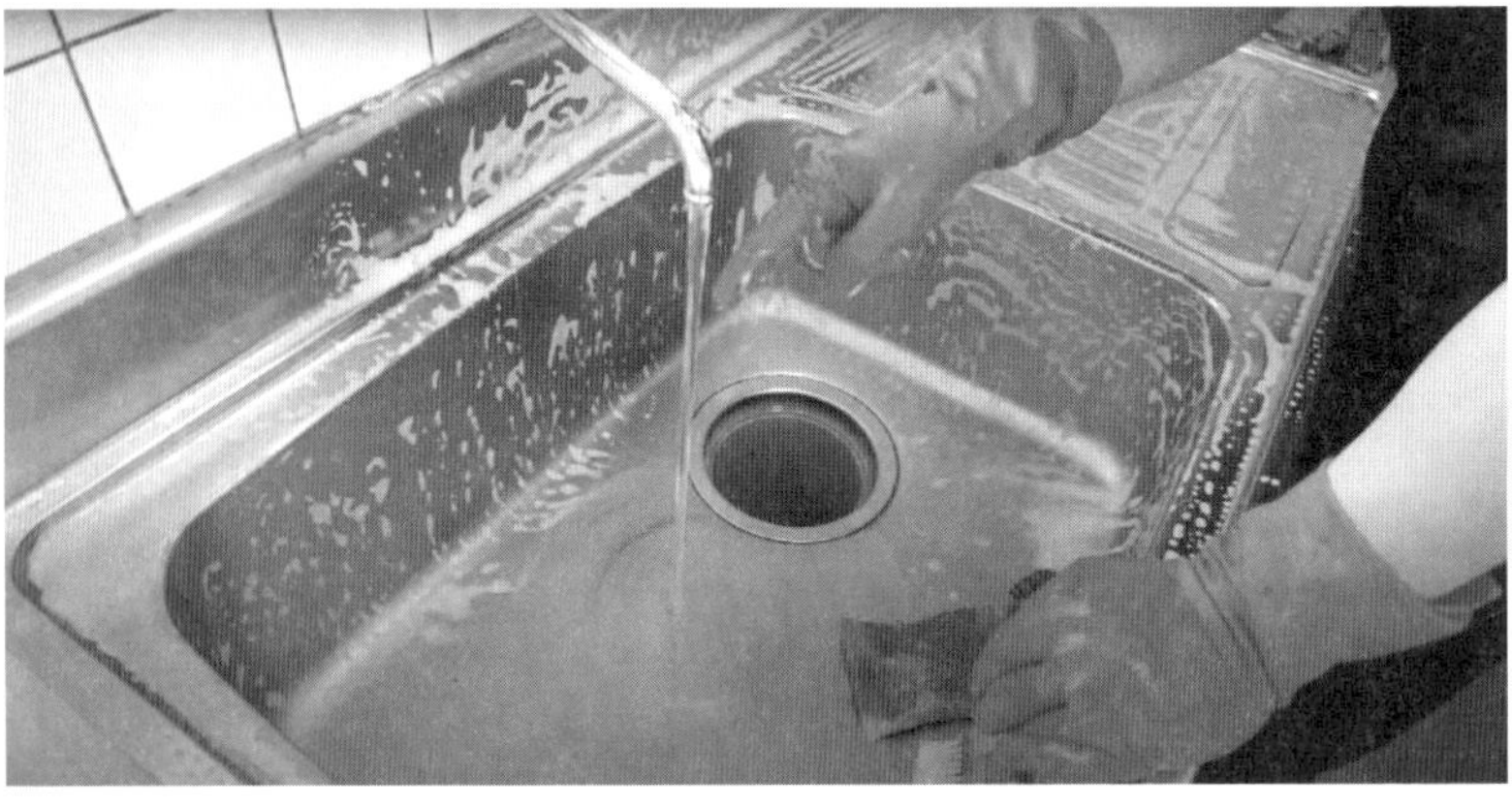

蛇口から少し水を流しながら洗っていきます。

研磨粒子で磨きます

ステップ4

次に、研磨粒子付きの
ナイロン不織布#400に
中性洗剤を含ませて磨きます。
磨いたあとは雑巾で拭きます。
研磨粒子付きのナイロン不織布は、
一般的なスポンジとちがって、
両面にサンドシートが
張り合わされています。

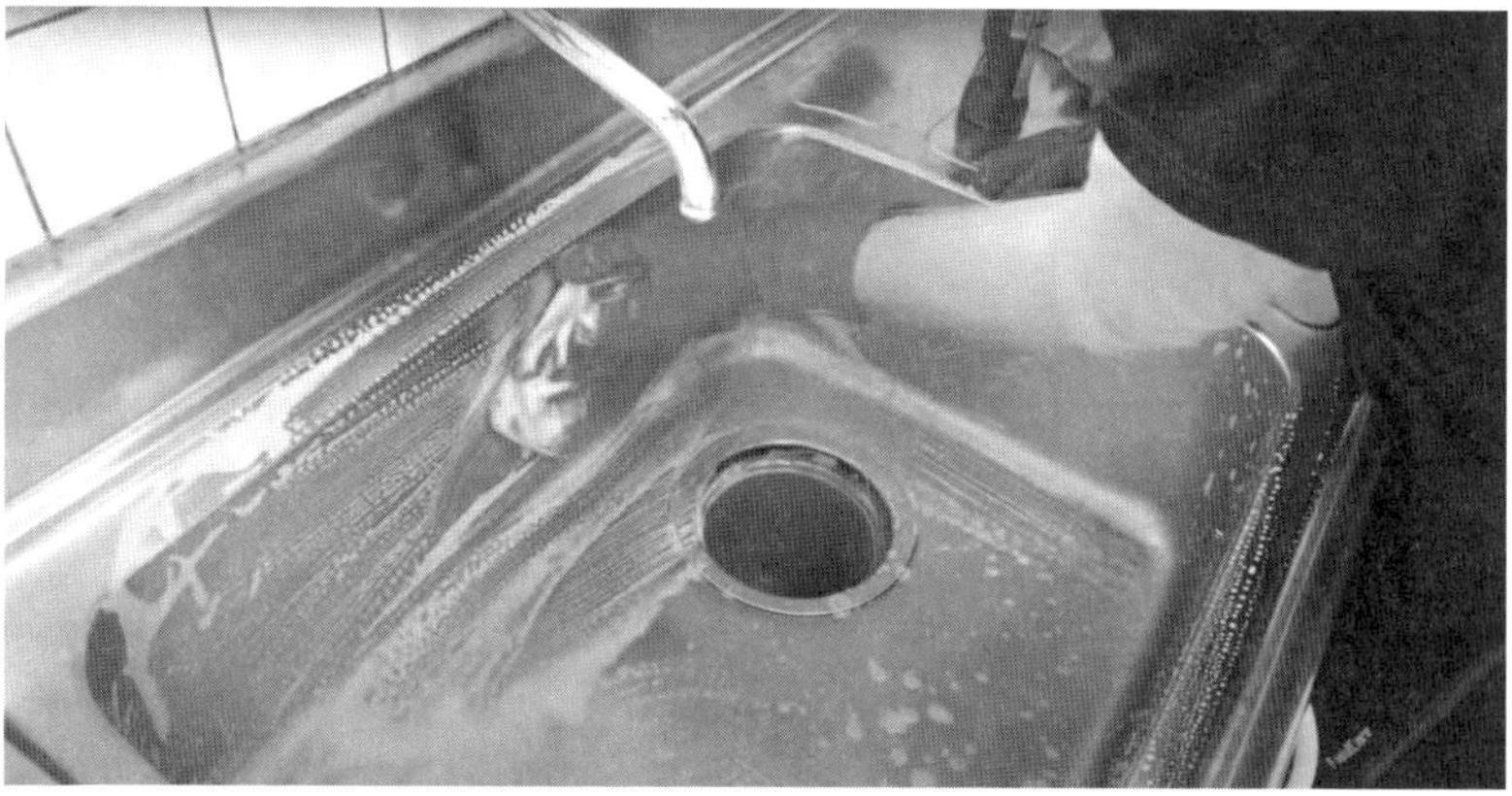

スポンジでシンクを磨いている様子。

塩素系洗剤をかけます

ステップ5

**排水口のフチに生えているカビと、
排水口の中のヌメリに
塩素系濃縮タイプ洗剤をかけます。
そのまま30分くらい待ちます。**

塩素系濃縮タイプ洗剤を排水口のフチにかけていきます。

研磨粒子で磨きます

ステップ6

約30分待ちました。
次は研磨粒子付きの
ナイロン不織布の#1000を使います。
さっきは#400でした。
#1000のほうが目が細かいです。

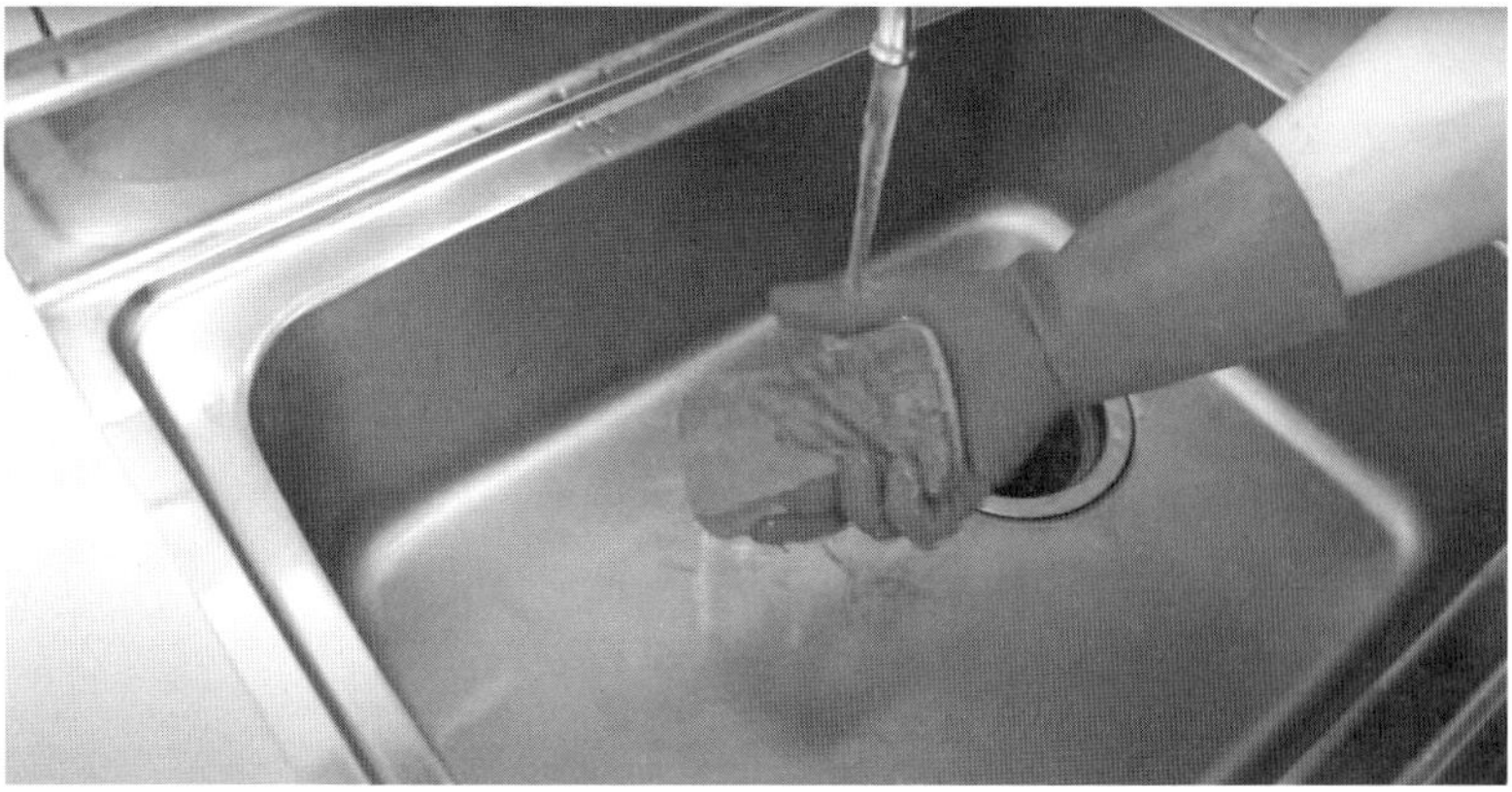

目の細かいナイロン不織布を使います。

研磨剤入りクレンザーでキレイに

ステップ7

研磨剤の入った石鹸クレンザーを、
研磨粒子付きの
ナイロン不織布＃1000にヘラで
少量つけます。
これでシンク全体を磨きます。
磨き終えたら雑巾で拭きます。

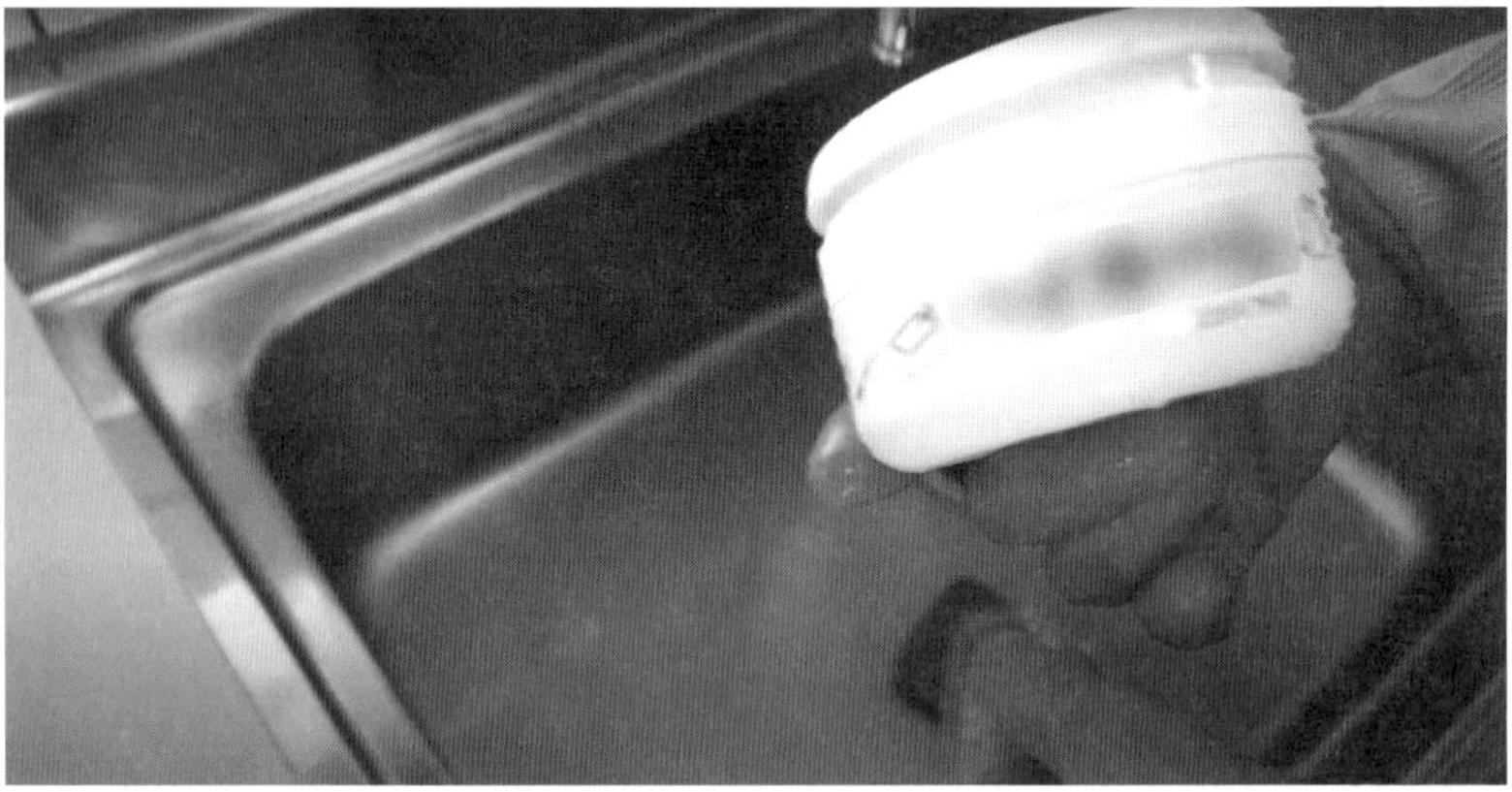

シンクを磨きます。

ゴム手袋も掃除道具になります

ステップ8

研磨剤入りの酸性系の
液状クリーム洗剤をシンクに
垂らします。
これをゴム手袋で広げて
シンク全体をこすります。

ゴム手袋でこすっていきます。

洗剤の色が変わってきました

ステップ9

白い色だった洗剤が、
ネズミ色になってきます。
ということは、
研磨されているということです。
それだけステンレスが
削れているわけです。

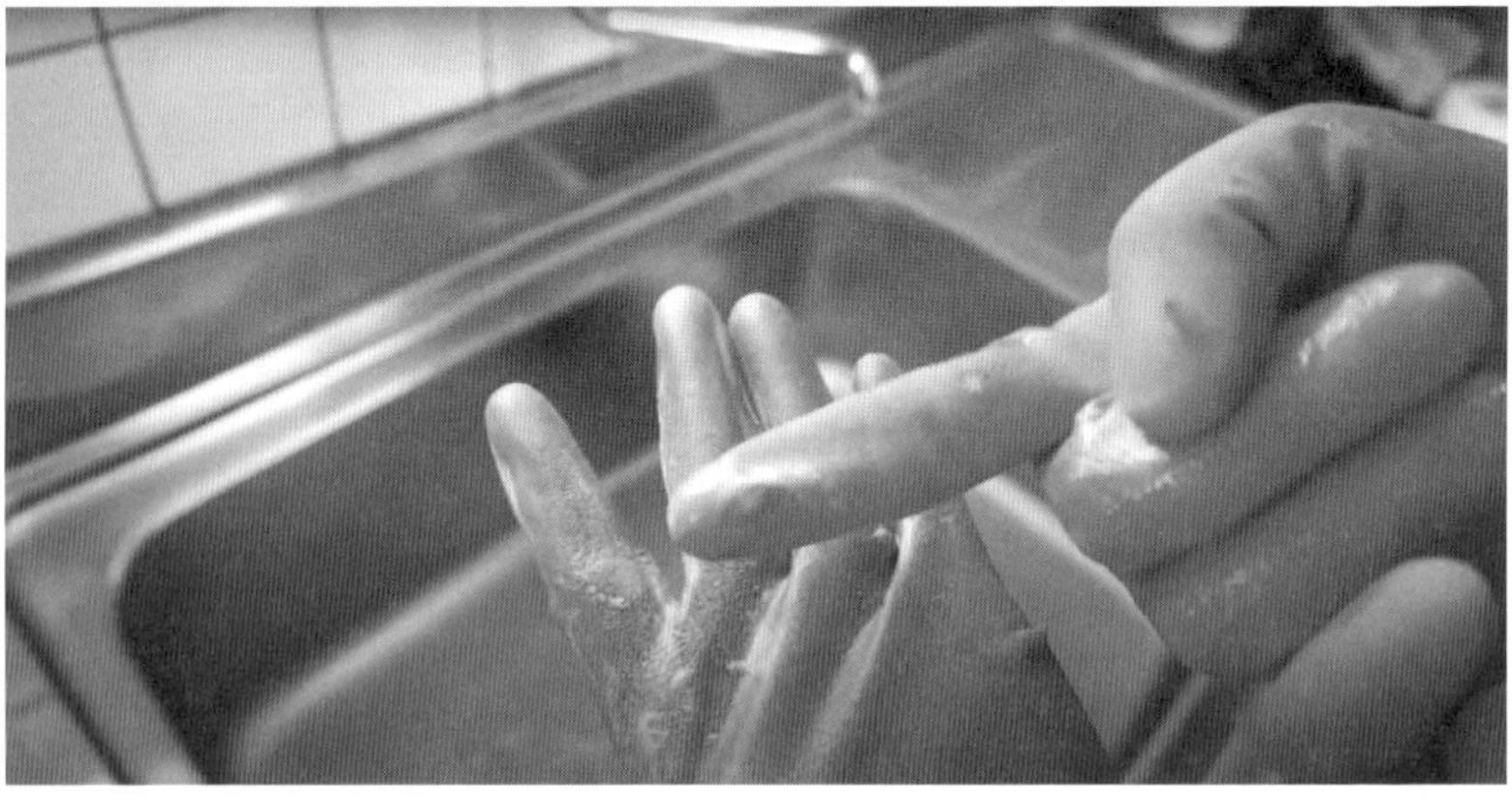

洗剤の色をチェックします。

ピカピカになりました

アフター

最後は、雑巾で全体をよく拭きます。
これで終了です。
いかがですか?
かなりキレイになりましたね!
コツをつかめば、
キッチンはピカピカになるものですよ。

キレイになったシンクの様子。

2 シンクを鏡面仕上げでピカピカに！

キレイになったシンクをさらに磨き上げましょう。

シンクの仕上げかた

ステップ1

洗剤で表面の汚れを落とす

ステップ2

耐水ペーパーを用意する

ステップ3

耐水ペーパーをホルダーにはさむ

ステップ4

はさんだあと、ホルダーに巻きつける

ステップ5

＃600で水をつけて磨いていく

ステップ6

＃800〜＃3000を使って磨く

ステップ7

研磨剤を布につけて磨く

使うのは耐水ペーパーと研磨剤！

ビフォー

どの家庭にもある普通のキッチンを、
鏡面に仕上げていきたいと思います。
現状では反射はまったくありません。

この時点では、特に反射はしていないです。

まずは洗剤で洗ってください

ステップ1

まずは洗剤で
表面の汚れを落とします。

スポンジでシンクの汚れを落とします。

耐水ペーパーを使っていきます

ステップ2

これは耐水ペーパーです。
100円ショップで売っています。
#400くらいから使う場合が
多いのですが、キレイなシンクであれば、
#600から使ってもいいでしょう。
ここは#600からにしましょう。

耐水ペーパーは＃600を使います。

ホルダーを使うとムラになりません

ステップ3

手で仕上げるコツは
ホルダーを使うことです。
耐水ペーパーをはさんで、
平行に削るものです。
100円ショップで売っています。
手でこすってもかまいませんが、
熟練した人じゃないとムラになります。

ホルダーを使うと便利です。

ホルダーに耐水ペーパーを巻きつけます

ステップ4

耐水ペーパーを
ホルダーの切れ目にはさみます。
そして、はさんだ耐水ペーパーを
ホルダーに巻きつけます。

耐水ペーパーをホルダーに巻きつけます。

水をつけて磨きます

ステップ5

では、#600からやっていきましょう。
必ず水をつけながらやります。
目の粗いものは時間をかけて磨き、
細かくなるほど短い時間で磨きます。
コーナーはホルダーから
外して磨きます。

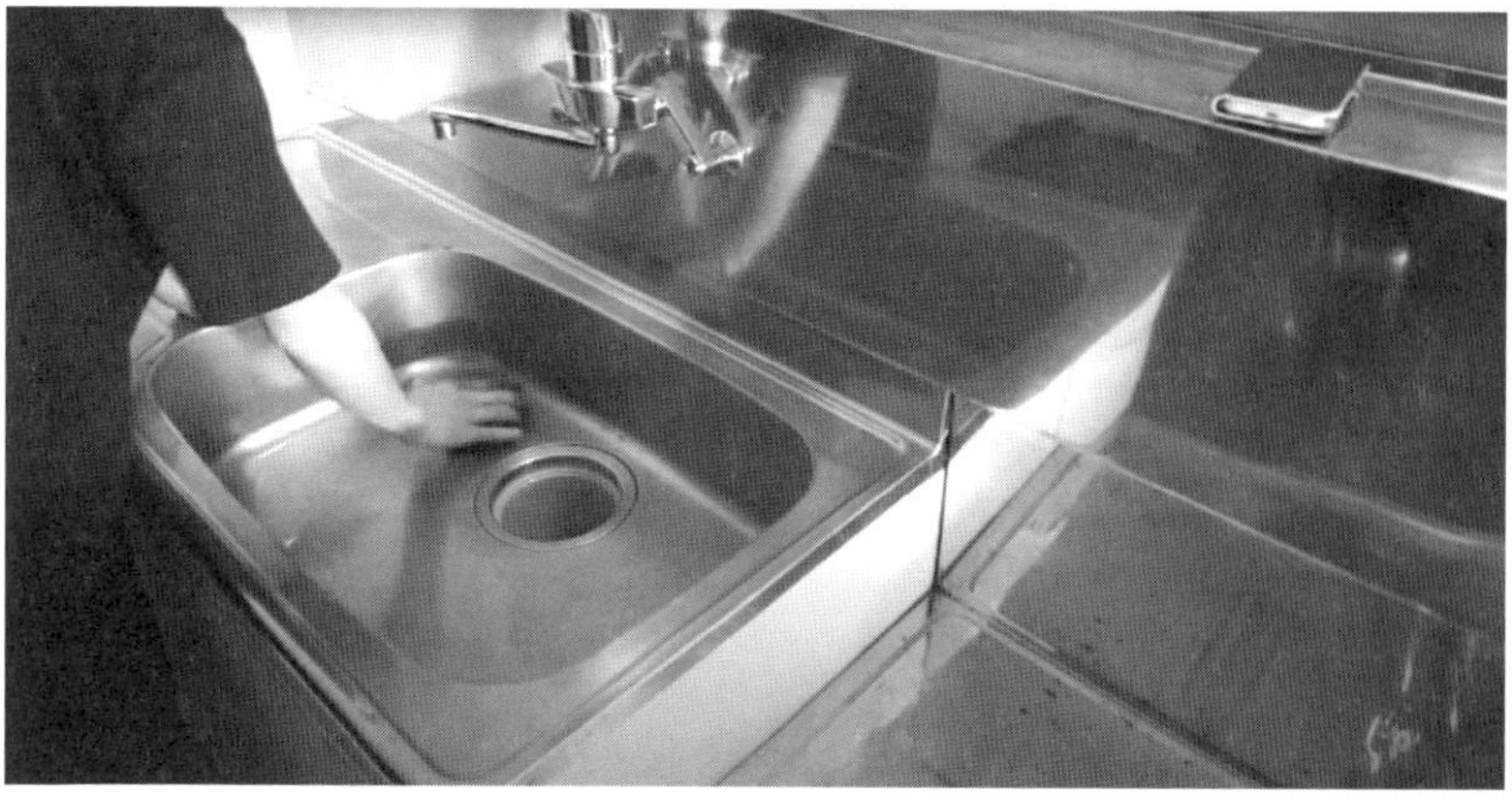

シンクを磨いていきます。

磨きすぎにも注意が必要です

ステップ6

#600から、#800、#1200、
#2000、#3000へと
すすめていきます。
速く動かせばいいわけではありません。
力を入れすぎると削れてしまいます。
引っかかるところを見つけて磨きます。

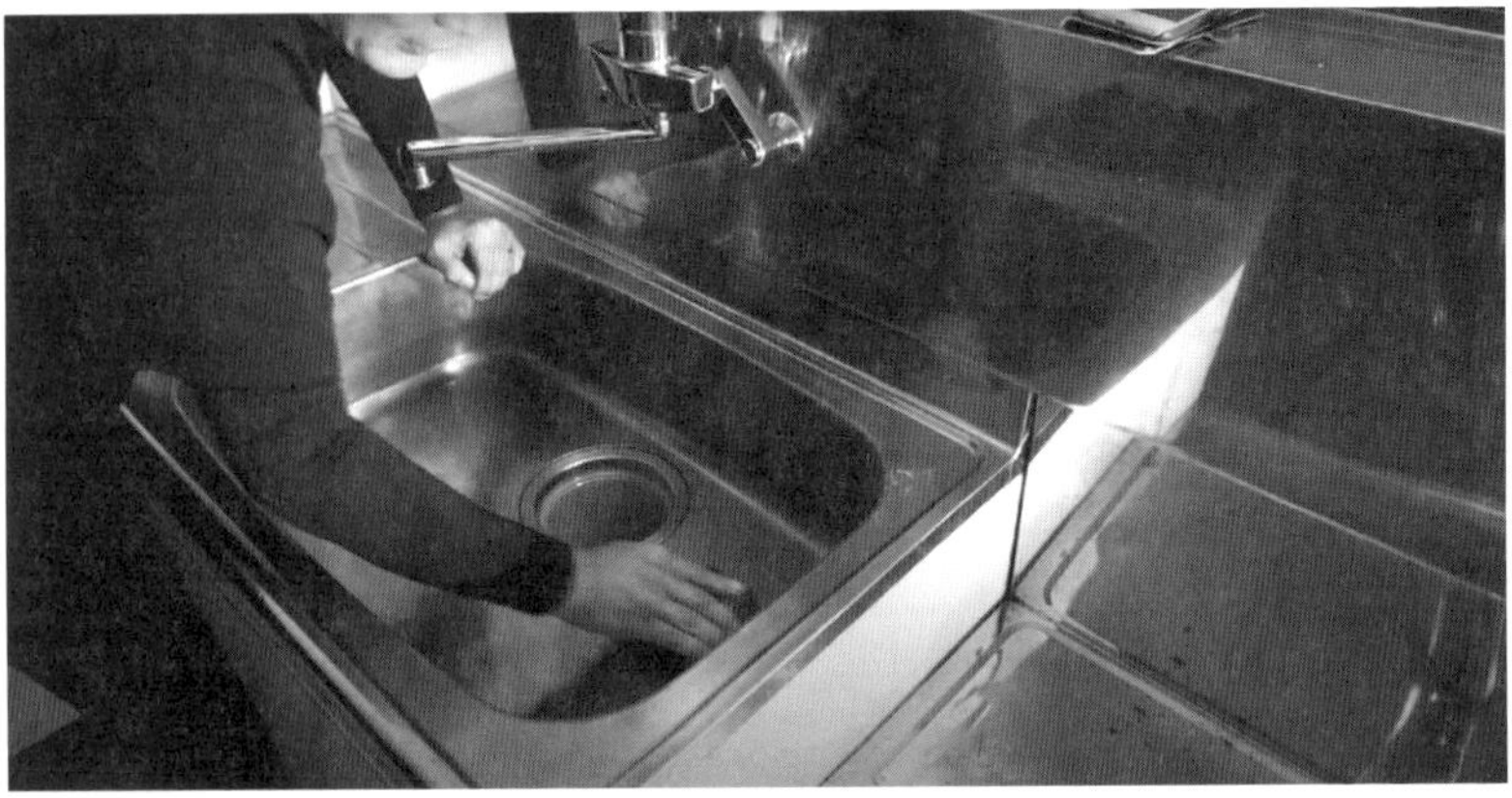

ゆっくりとホルダーを動かして、引っかかるところを探していきます。

研磨剤を布に少量取ります

ステップ7

最後に研磨剤で磨いていきます。
わたしは研磨屋さんの研磨剤を
使っていますが、みなさんは市販の
乳化性液状金属磨きで
いいと思います。布に取って使います。
つけすぎると拭き取るのが
大変ですので要注意です。

研磨剤のついた布で磨いていきます。

すっきりキレイになりました

アフター1

研磨後のキッチンを見てみましょう。
きちんと鏡面になっていますね!

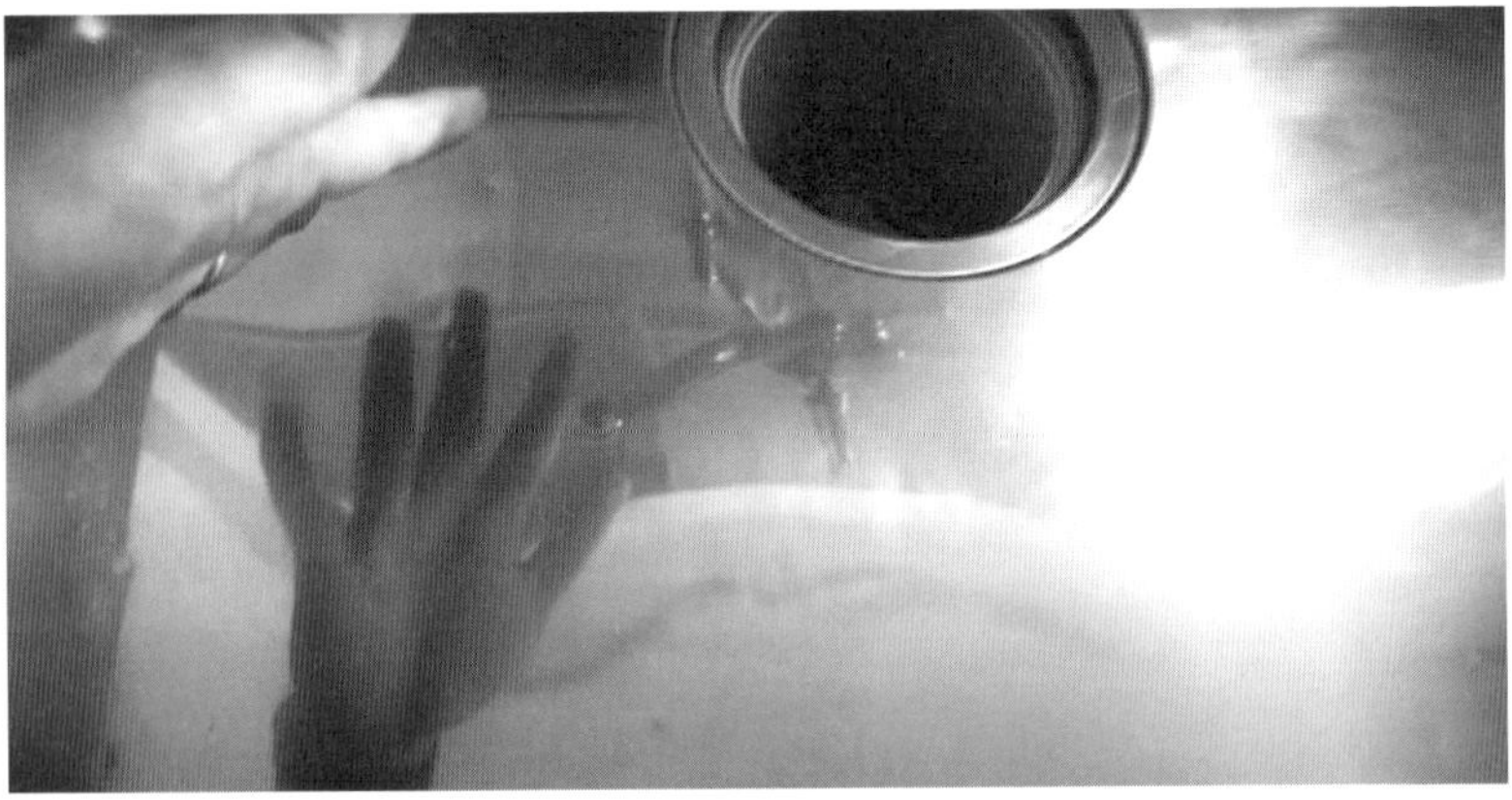

鏡のようなシンクに手が映っている様子。

凹みが目立つほどピカピカです

アフター2

これ、わかりますか?
何かを落として凹みができていますね。
鏡面仕上げは、磨けば磨くほど、
こういう凹みが目立ってきてしまいます。
残念ですが、それは仕方がありません。

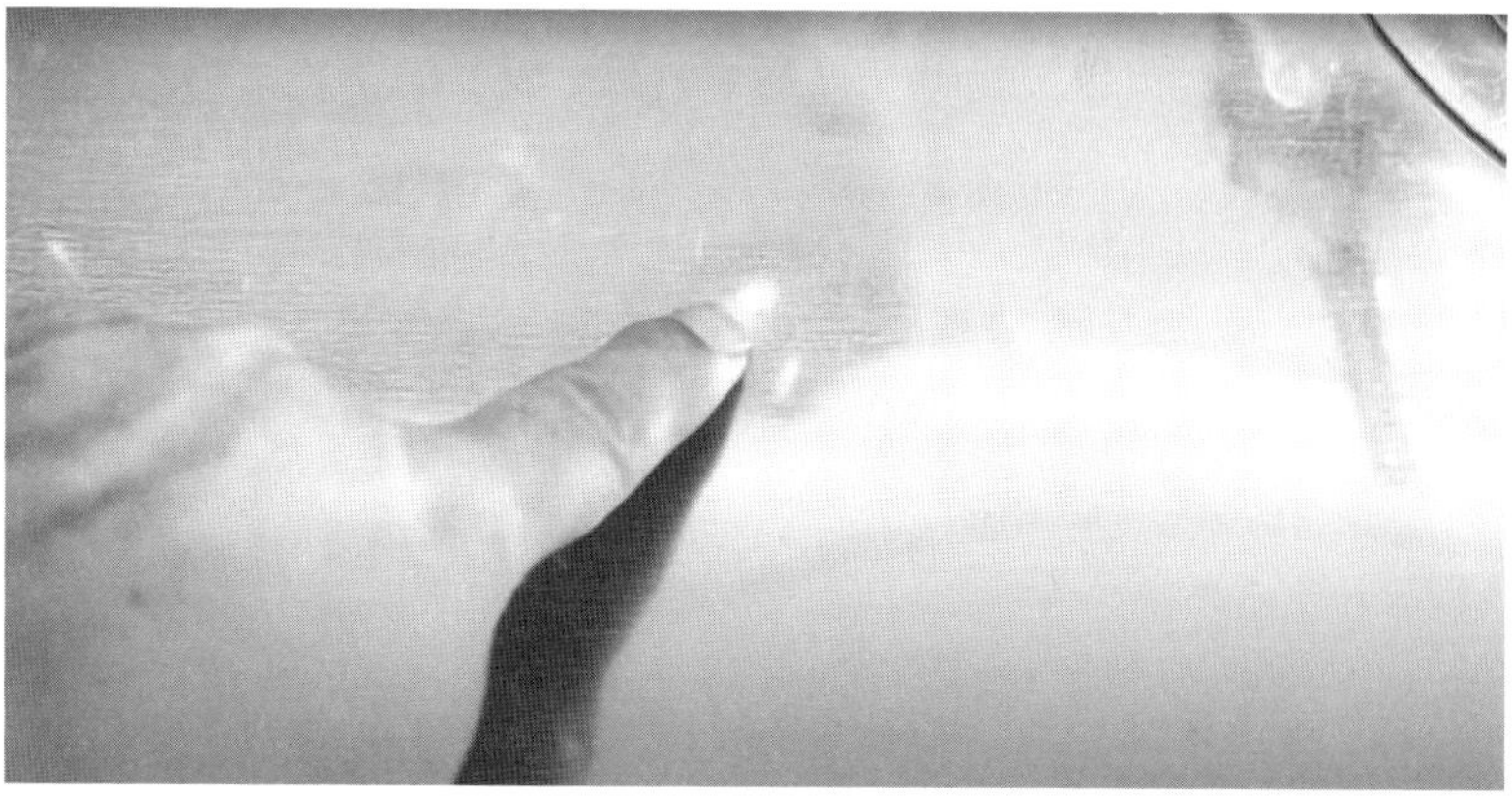

ほら、ここ凹んでますね。

3

五徳のギトギトを落とす

取り外してつけ置き洗いでピカピカ。

五徳の洗いかた

ステップ1

お湯を沸かす

ステップ2

外れる部分をつけ置きする

ステップ3

ヘラで汚れを削る

ステップ4

アブラ汚れ用の洗剤を作る

ステップ5

ハケで洗剤を汚れに塗る

ステップ6

外した部品をお湯に入れる

ステップ7

煮込んでから一晩放置

ステップ8

水で汚れを流す

ステップ9

コンロのフチに洗剤を塗り、こする

外せるものはすべて外します

ビフォー

けっこう汚れている五徳を
キレイにしていきます。
五徳には、外れる部品と
外れない部品があります。
これらは掃除の仕方が
ちょっとちがうんです。

種類にもよりますが、外れる部品は外して洗ったほうがキレイになります。

お湯を使います

ステップ1

まずはお湯を沸かします。

今回は、わたしが現場で使っている投げ込み湯沸かし器というものを使うことにします。けっこう早く沸くんですよね。

投げ込み湯沸かし器は家庭ではお持ちではないと思うので、使い古しのフライパンを使ってください。

業務用ですが、僕はバケツに投げ込み湯沸かし器を入れてお湯を沸かします。

つけ置き洗いで汚れをはがします

ステップ2

外れる部分はつけ置きします。
中にあるアブラ受けとか、
取れる部分は全部外していきます。

できるだけ外せるものは外しましょう。

汚れは削っていきます

ステップ3

まず、洗剤の浸透を良くするために、
削れる汚れははじめに削ります。
このヘラはカッターの刃です。
100円ショップでも、
スクレーパーといって、
これよりも幅の狭いものが
売っています。

ヘラで汚れを削っていきます。

ステップ4

汚れ落ち最強の洗剤を作ります

洗剤を作ります。計量カップに、アルカリ性強力洗浄剤50cc、水50cc、手の消毒用アルコール約50ccを入れます。

これがアブラ汚れ用の最強洗剤になります!

最強の洗剤ができあがります。

汚れにハケで洗剤を塗ります

ステップ5

削った部分の上に、
洗剤をハケで塗っていきます。
穴の中にも塗ります。
これでしばらく放置します。

ハケで洗剤を塗っていきます。

ポイントはお湯に溶かした洗剤！

ステップ6

**お湯が沸いてきました。
これに重曹と食器用洗剤を入れて、
アルカリ性洗剤を作ります。
そして、さっき外した部品を
入れていきます。
沸騰したら火を消して
一晩おきます。**

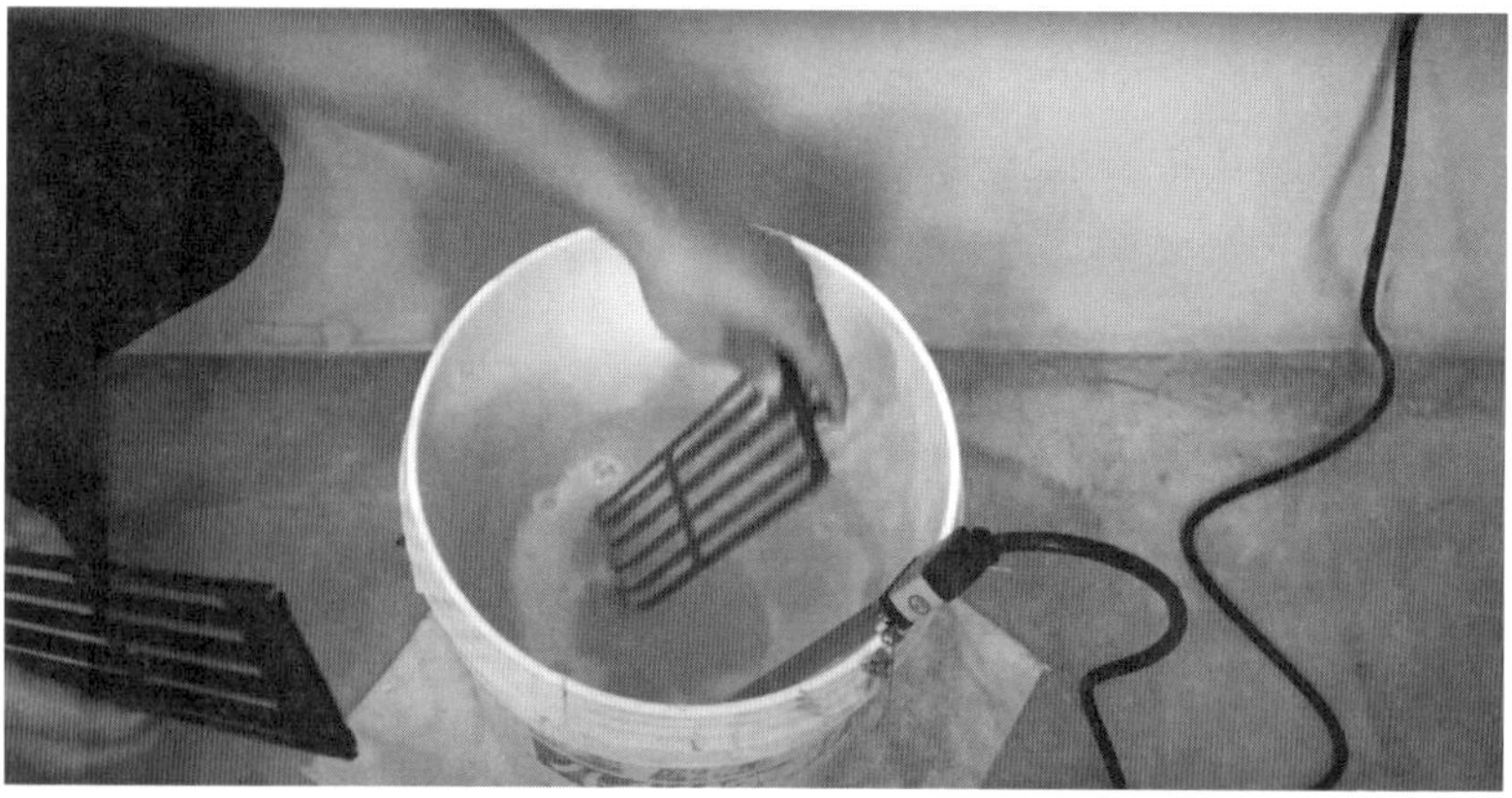

重曹を使ってください。

煮込んで汚れを浮かせます

ステップ7

**一晩経ちました。
ほとんどコゲが取れちゃっていますね。
雑巾で拭くだけでポロリと
コゲが取れやすくなっています。**

ほとんど汚れが取れています。

軽く水でこすってみてください

ステップ8

水で流すだけでこんなにキレイ。

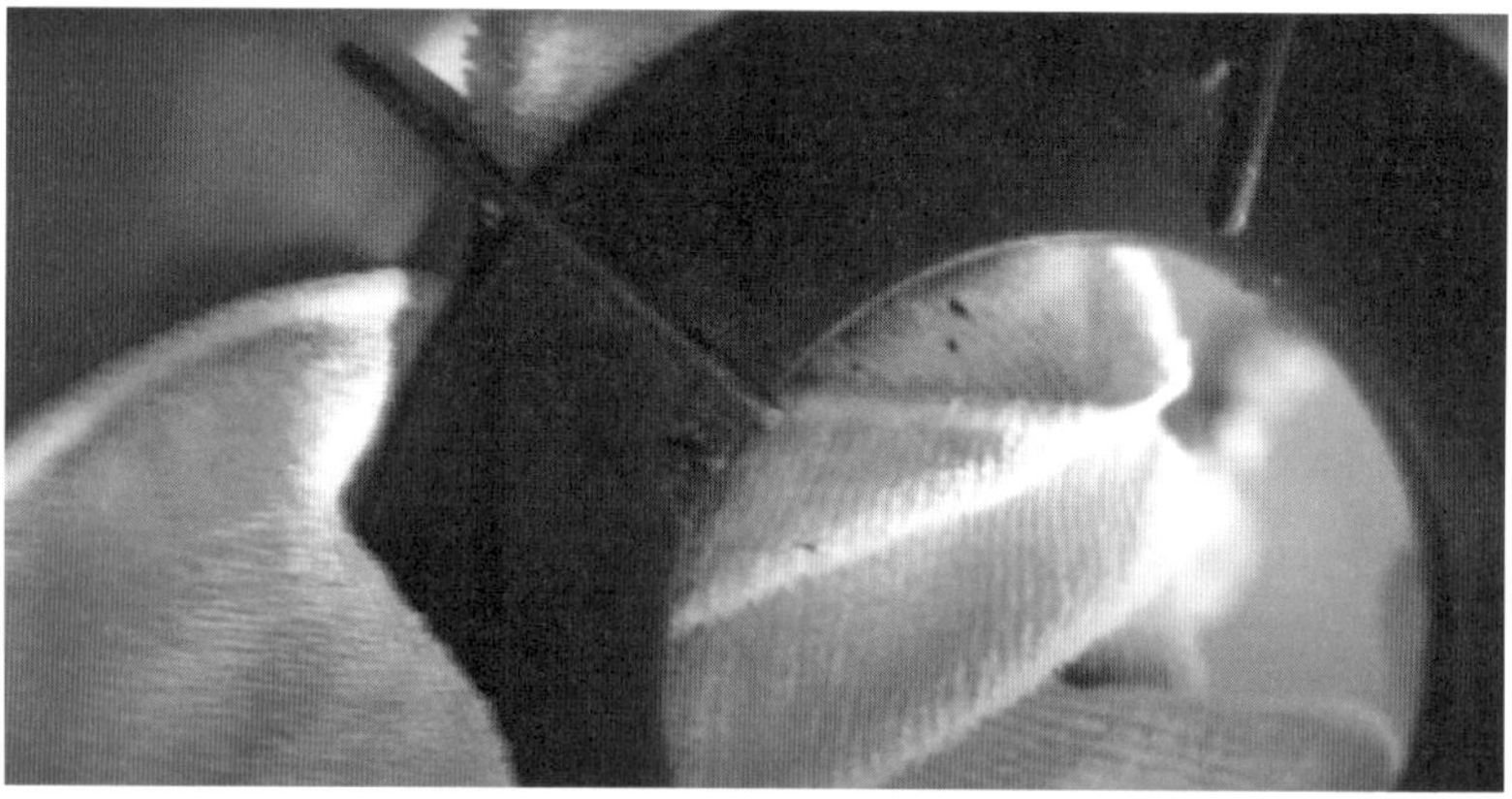

キレイになってきました。

ポイントは「塗って、乾かして」のくりかえし

ステップ9

**コンロの円のフチには、
洗剤を3回くらいつけました。
塗って、乾かして、また塗ってで、
3回くらい。ブラシで軽くこするだけで
コゲがボロボロと取れていきます。**

ブラシで軽くこすります。

すっきりキレイになりました

アフター

部品を戻して終了です。
キレイになりました!
ちなみに火を使うのは、
完全に乾くまで待ってくださいね。
アルコールが残っていると、
「ボン!」となってしまう可能性が
あります。注意してください。

コゲも取れてキレイになったコンロ。

家庭でできる2つの方法

①テフロンがなくなって捨てるだけの大きめのフライパン（五徳は平たく幅があるので鍋よりもフライパンがオススメ）に重曹を入れて沸騰させ、五徳を入れて、5分ほど沸騰させたらそのまま火を消して一晩おいてからこすります。そうすると、カンタンにコゲが落ちます。重曹の分量は水100mlに対し小さじ1杯程度。（重曹はいったん沸騰させるとアルカリ力が強くなります。）

②ホームセンターで販売されているアルカリ洗剤に消毒用アルコールを入れて混ぜ、五徳に塗布して乾かないようにします。ラップでくるむ、またはチャック付きポリ袋に入れてしばらく放置します。

（アルカリ洗剤のみだと浸透力がなく、アルコールは浸透力を上げるので焦げたアブラ汚れには最適です。）

4

魚焼きグリルのアブラ・コゲもスッキリ

つけ置き洗いでコゲをドロドロに。

魚焼きグリルの洗いかた

ステップ1

コゲ取り用洗剤を用意する

ステップ2

ハケで洗剤を塗る

ステップ3

直塗りをする

ステップ4

2時間ほど放置する

ステップ5

ヘラでコゲを落とす

ステップ6

アルカリ性洗剤をスプレーする

ステップ7

こすり落として拭き取っていく

毎日の料理でグリルの中はこんな状態

ビフォー1

アブラ、コゲ、残骸がたっぷり……。
アブラがいっぱい跳ねて、
魚の尻尾も落ちていて、
かなり汚いですね。

グリル内部の全体の様子。アブラ汚れ、コゲがひどいです。

側面も汚れがこびりついています

ビフォー2

**魚を焼くと、どうしてもアブラが
跳ねるわけですよね。
アブラと一緒にタンパク質も
ついて焦げていきます。
醤油などを垂らして焼いたら、
それも焦げていきます。**

魚のアブラ、タンパク質、醤油などのコゲもびっしり。

コゲ取り用洗剤を使ってみます

ステップ1

**かなり汚いグリルなので、
コゲ取り用の洗剤を使って、
つけ置きして洗っていきたいと
思います。コゲをドロドロに溶かして
落とすという発想の洗剤です。**

コゲ取り用の洗剤でコゲをドロドロに溶かします。

洗剤をハケで塗っていきます

ステップ2

**塗りやすくするために、
一度カップに入れて、
そこからハケで塗っていきます。**

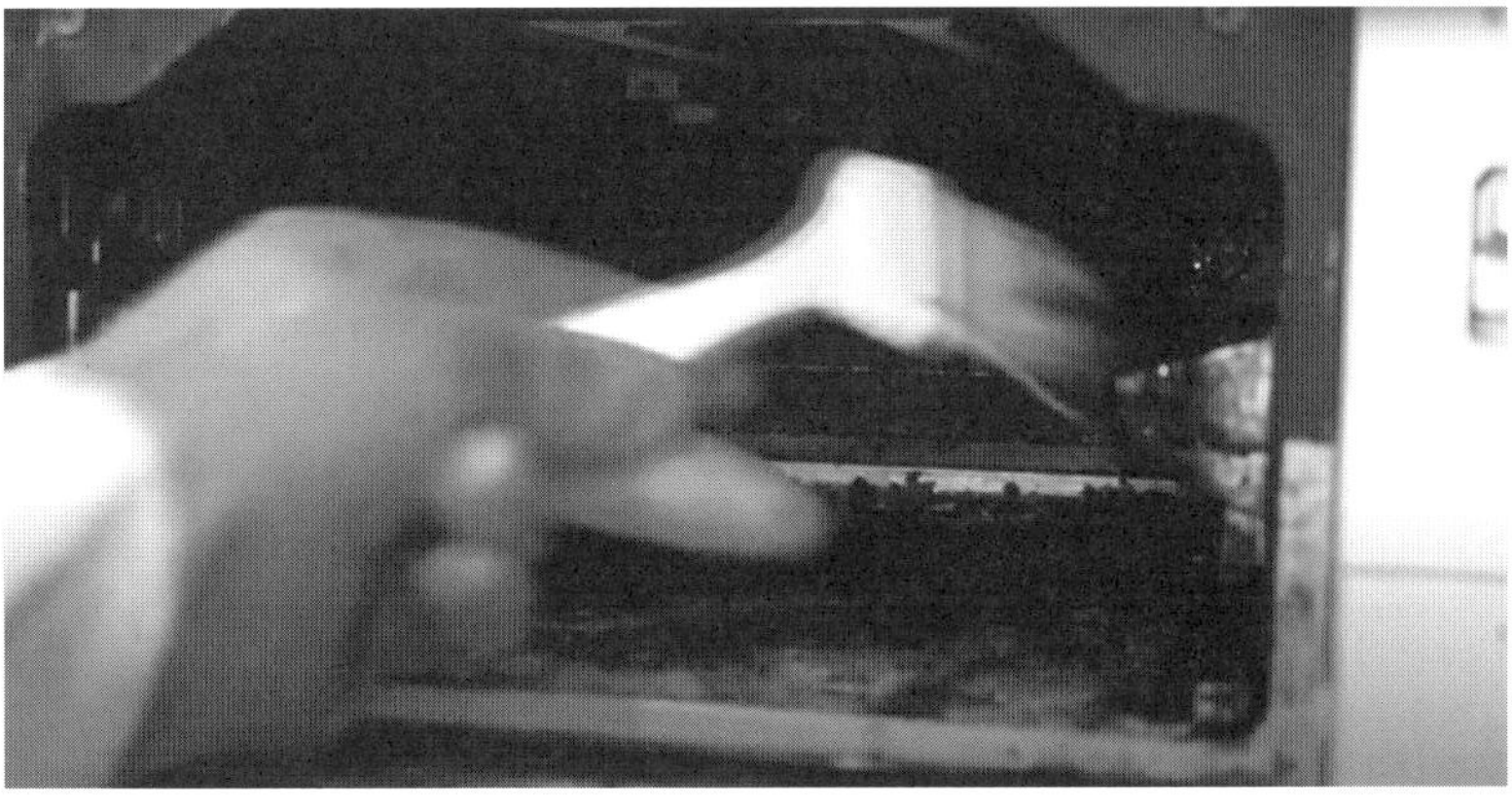

汚いところを塗っていきます。

しっかり塗っていきます

ステップ3

**塗れるところは直塗りもしていきます。
ある程度塗れたところで放置します。**

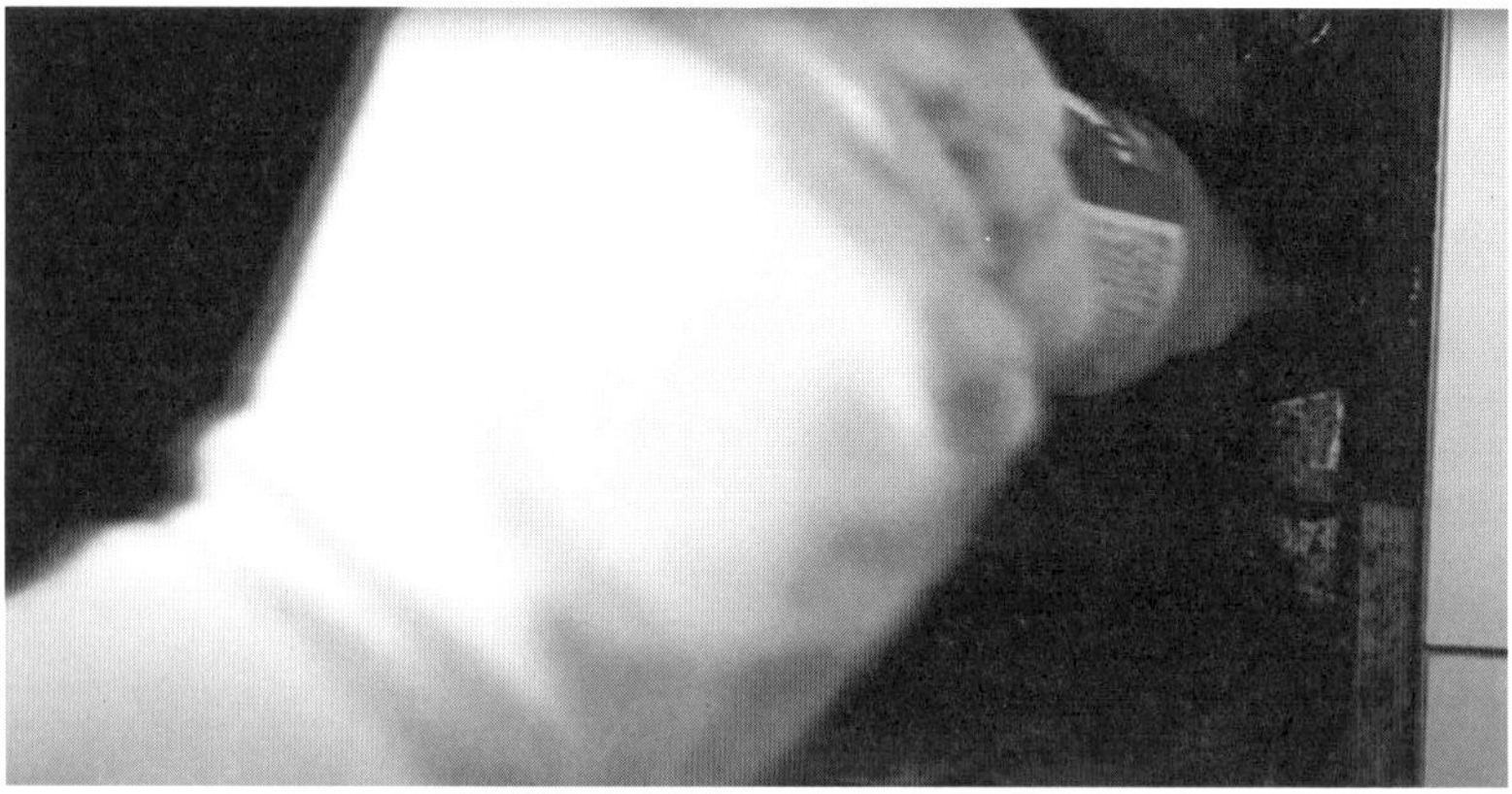

直接ボトルを入れ、塗っていきます。

ドロドロになってきました

ステップ4

2時間経過しました。
ふつう、コゲというものは、
ガリガリしているものなんですけれど、
ドロドロしていますね。
これがコゲ取り洗剤の威力なんでしょう。

コゲがドロドロしている様子。

ヘラでコゲを落とします

ステップ5

**では、ヘラを使ってこそぎ落として
いきましょう。
このようにコゲが取れていきます。**

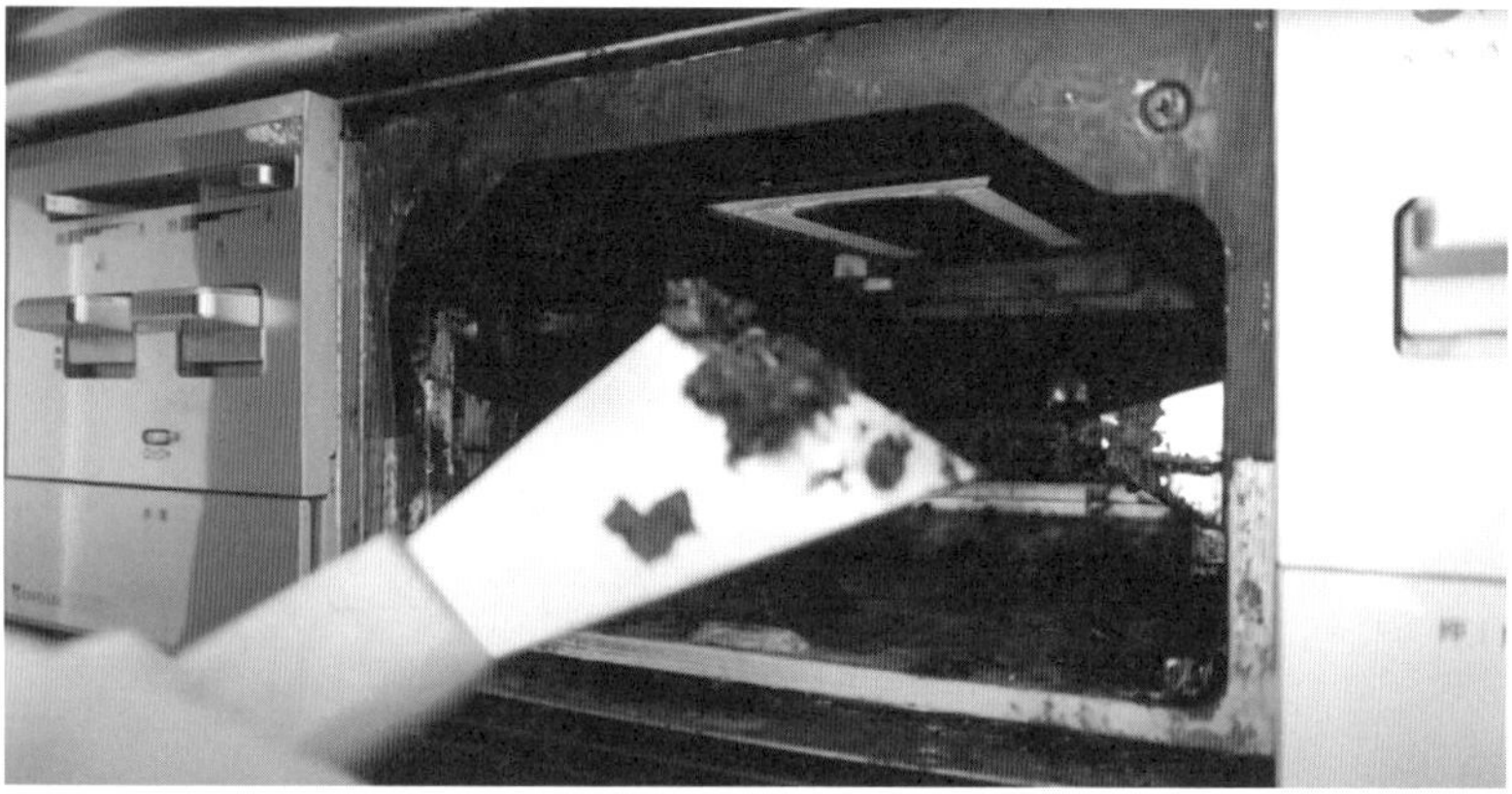

ヘラでコゲが取れている様子。

アルカリ性洗剤をスプレーします

ステップ6

アルカリ性洗剤を吹きつけます。

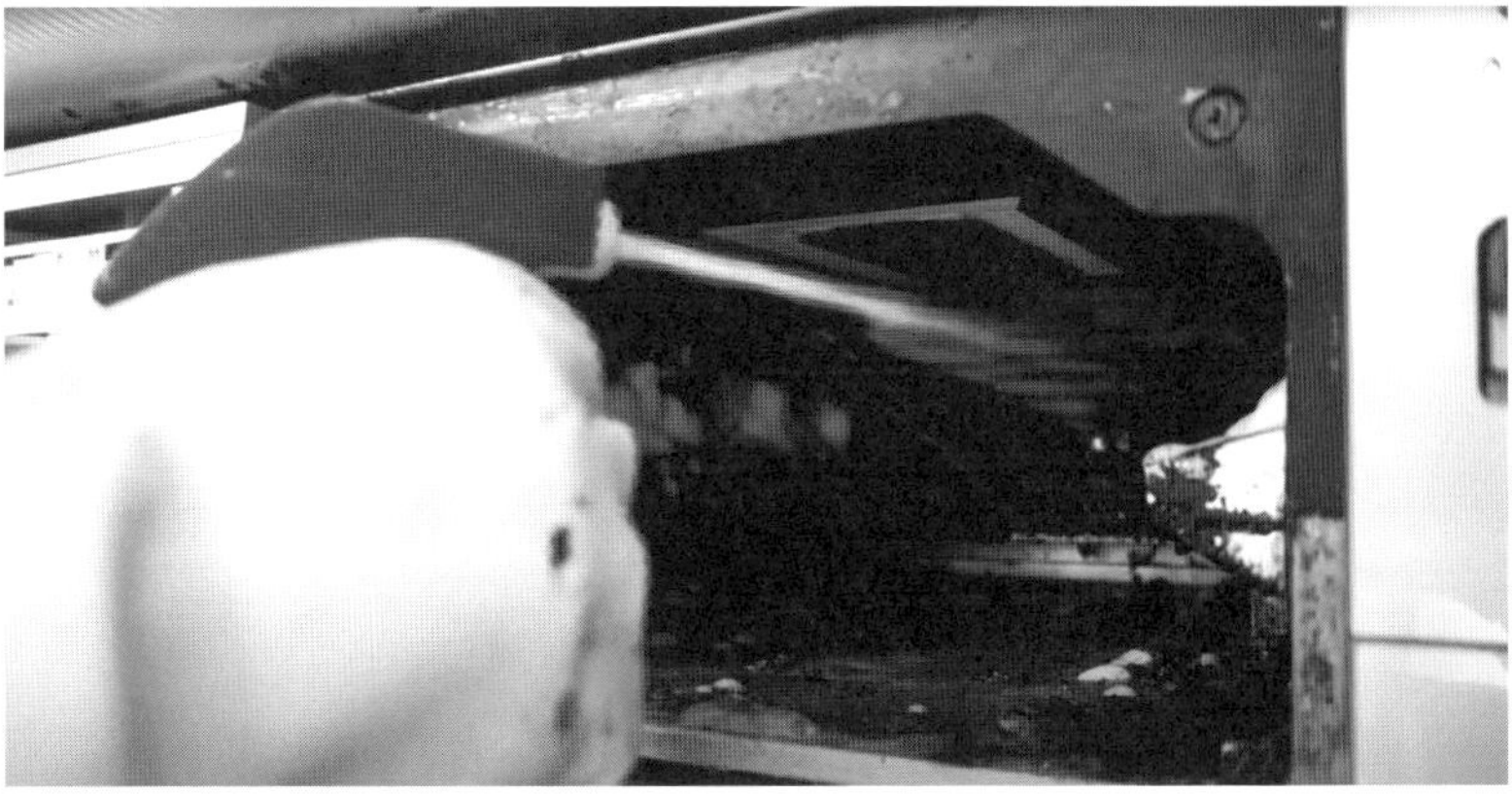

スプレーで洗剤を吹きつけていきます。

「こする→拭き取る」をくりかえします

ステップ7

ブラシやスポンジでこすり落として、
雑巾で拭き取ります。
かなり取れていますね。
この過程を3回くらいくりかえします。

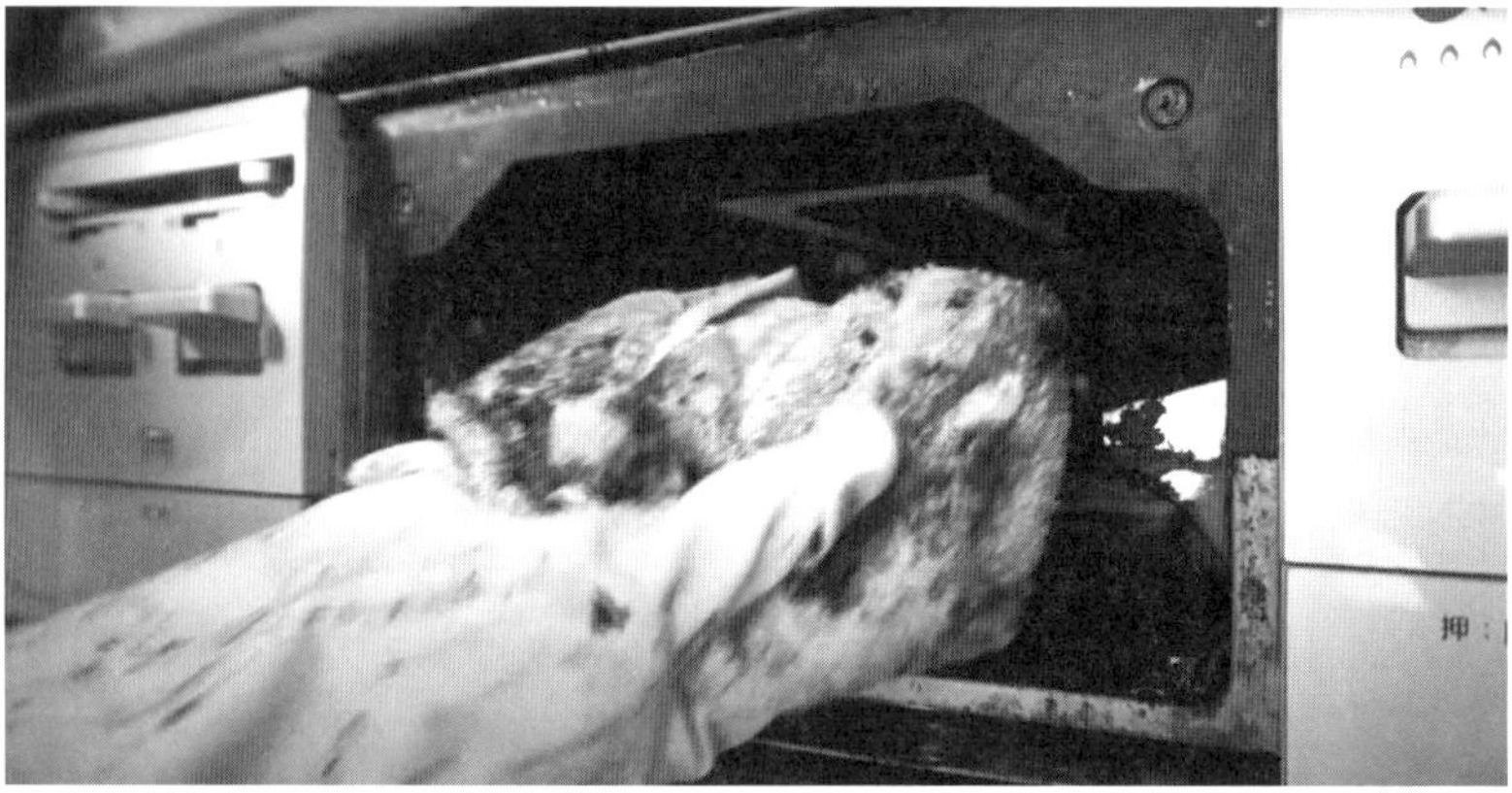

かなり汚れが取れてきてます。

すっきりキレイになりました

アフター1

仕上がりを見てみましょう。
すごくキレイになりましたね!
もう魚の臭いがまったくしません。
コゲとかアブラ汚れから臭いが
発生していたんですね。

キレイになった全体の様子。

見ちがえるほどピカピカです

アフター2

側面もとてもキレイに落ちました。

キレイになった側面の様子。

COLUMN

キッチンの水アカの落としかた。

キッチンの水アカは酸性の洗剤で落とします。

使いかたは、つけ置きのように、ずっとシンクにつけておくのではなくて、さっと塗って、さっとこすって、すぐに流すようにします。

酸性の洗剤を塗ると水アカが柔らかくなるんです。

注意点は、10秒以上つけ置きをしないことです。

長く放置するとステンレスを傷めてしまうので、あまり長く金属部分につけ置きはしないほうがいいかもしれません。

また、キッチンのシンクは陶器や人造大理石でつくられたものも多いですが、酸性の洗剤を使用すると、溶けてしまったりすることもあるので、素材を確認して使いましょう。

もうひとつの注意点は、洗剤の本体にも書かれていますが、塩素系漂白剤とは同時に使用しないようにしてください。

使うことに自信のない方は、同じ酸性のナチュラル系洗剤「クエン酸」をおすすめします。

パワーアップ洗剤の作りかた。

１００円ショップなどで売っている計量カップに、住宅用合成洗剤などのアルカリ性洗剤を入れます。入れる量は適当で大丈夫。たくさん使いたい方は多めに入れてください。

このなかに、ガソリンの水抜き剤を入れます。

これは、自動車のガソリンタンクの中に溜まった水分を除くものです。カー用品店やホームセンターで２００円くらいで売っています。

アルコール度99％です（消毒用アルコールでも十分です。いまは、新型コロナ予防対策で、多くの家庭で置いているかもしれませんね）。

アルカリ性洗剤というのは、アブラ汚れやコゲを表面から徐々に溶かしていきます。でもアルコールというのは、浸透していくスピードが速く、グッと浸透していきます。なので、横には広がらないんですけど、縦への攻撃力がアップします。

実は、1000円以上する高価なアブラ汚れ用の洗剤には、だいたいアルコールが入っています。

もし、家庭のアルカリ性洗剤で落ちないというときは、アルコールをちょっと足してみてください。

わたしはコスパがいいのでガソリンの水抜き剤を入れていますが、消毒用アルコールでも、チョイ足しするだけでかなりパワーアップします。ぜひ試してみてくださいね。

き

エリア2

AREA 2

風呂場を洗う！

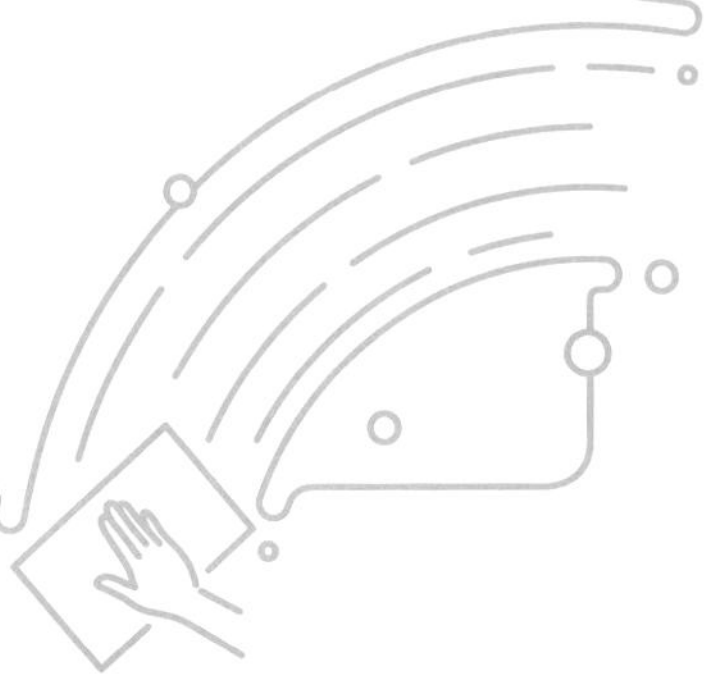

みなさんは、いつお風呂の掃除をしていますか？
1、お風呂に入る直前。夕方、お風呂に入る直前に、お風呂掃除をしてお湯を溜める。
2、午前中。主婦の方で、午前中に家事のひとつとしてお風呂掃除をする。
3、お風呂から出るとき。お風呂から出るときに、ちょこちょこっと掃除をするという人もいるかもしれません。
じゃあ、どれがいちばん効果があると思いますか？　たとえば、床にジュースをこぼしてしまったとき、みなさんはいつ掃除しますか？　明日掃除しようという人はまずいないですよね。たいていの人は、こぼしてしまったらすぐに拭きます。なぜなら、すぐ対応したほうが汚れがカンタンに落ちるからです。

お風呂もそうなんですね。お風呂に入っているときに、湯アカがたまってるなーってわかりますよね。そして、手でちょっとこするとすぐ取れたという経験はないですか？　そうなんです。お風呂から出るときに、少しこすってあげるだけで、すごくお風呂はキレイになります。

でも、お風呂に入る直前に掃除しようとすると、洗剤をつけて一生懸命こすっても、なかなか落ちてくれませんよね。お風呂から出て1日置いてしまうと、もう取りづらくなってしまうんです。そうなったら、お掃除する気力も出てこなくなりますよね。だからそのまま放っておいて、ますます落ちにくくなっていく……。この悪循環が生まれてしまいます。

そんな気持ちを断ち切るためにも、落ちにくくなってしまった汚れを、どうやって取ったらいいのか？　ここでは、そんなガンコな汚れの落としかたを、みなさんにお教えしたいと思います。

1

浴槽、壁、床、フタをキレイにする！

ミックス洗剤を用意したら、いざ噴霧！

浴槽、壁、床、フタの洗いかた

ステップ1

ミックス洗剤を用意する

ステップ2

洗剤を下から上にまく

ステップ3

30分ほど放置し、水で流す

ステップ4

天井、壁にとりかかる

ステップ5

高圧洗浄機、シャワーを使う

ステップ6

浴槽のフタを洗う

ステップ7

天井に塩素系洗剤を塗る

ステップ8

ナイロンタオルで壁をこする

ステップ9

浴槽、床をやさしくこする

ステップ10

浴槽の壁を磨く

毎日、使う場所の汚れはガンコ

ビフォー

かなり汚い風呂場です。
カビとか変な汁とか、
石鹸カスとかアカとか、髪の毛も……。
お風呂に入るとき、
よくまあ裸足で歩いていたなー
という感じですね。

いろいろな汚れがたくさん。

ミックス洗剤を用意します

ステップ1

まずこの噴霧器に洗剤を入れます（市販のスプレーボトルでもOK）。中身は、薄めた塩素系漂白剤、食器用洗剤、業務用アルカリ性強力洗浄剤です。

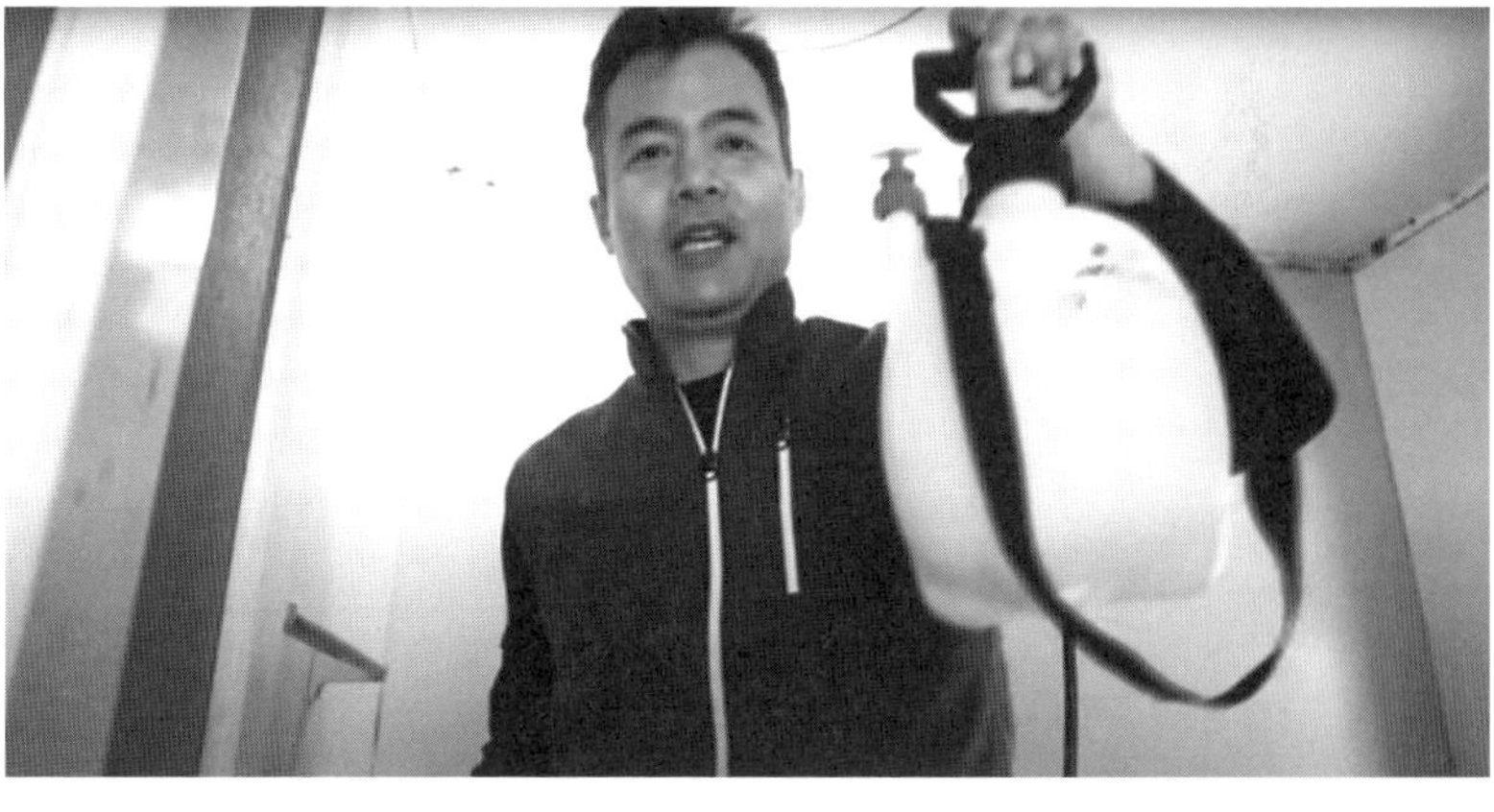

コレがプロの噴霧器です。

洗剤は下から上にまきます

ステップ2

風呂場全体にまんべんなく
洗剤をまきます。
洗剤は必ず下から上にまいてください。
上から下にまくと、垂れたところが
白くなりすぎてしまいます。
まき終わったら30分くらい放置します。

スキマなくまくのがコツ。

時間を空けて水で流します

ステップ3

30分くらい経ったら、
水でいったん流しましょう。

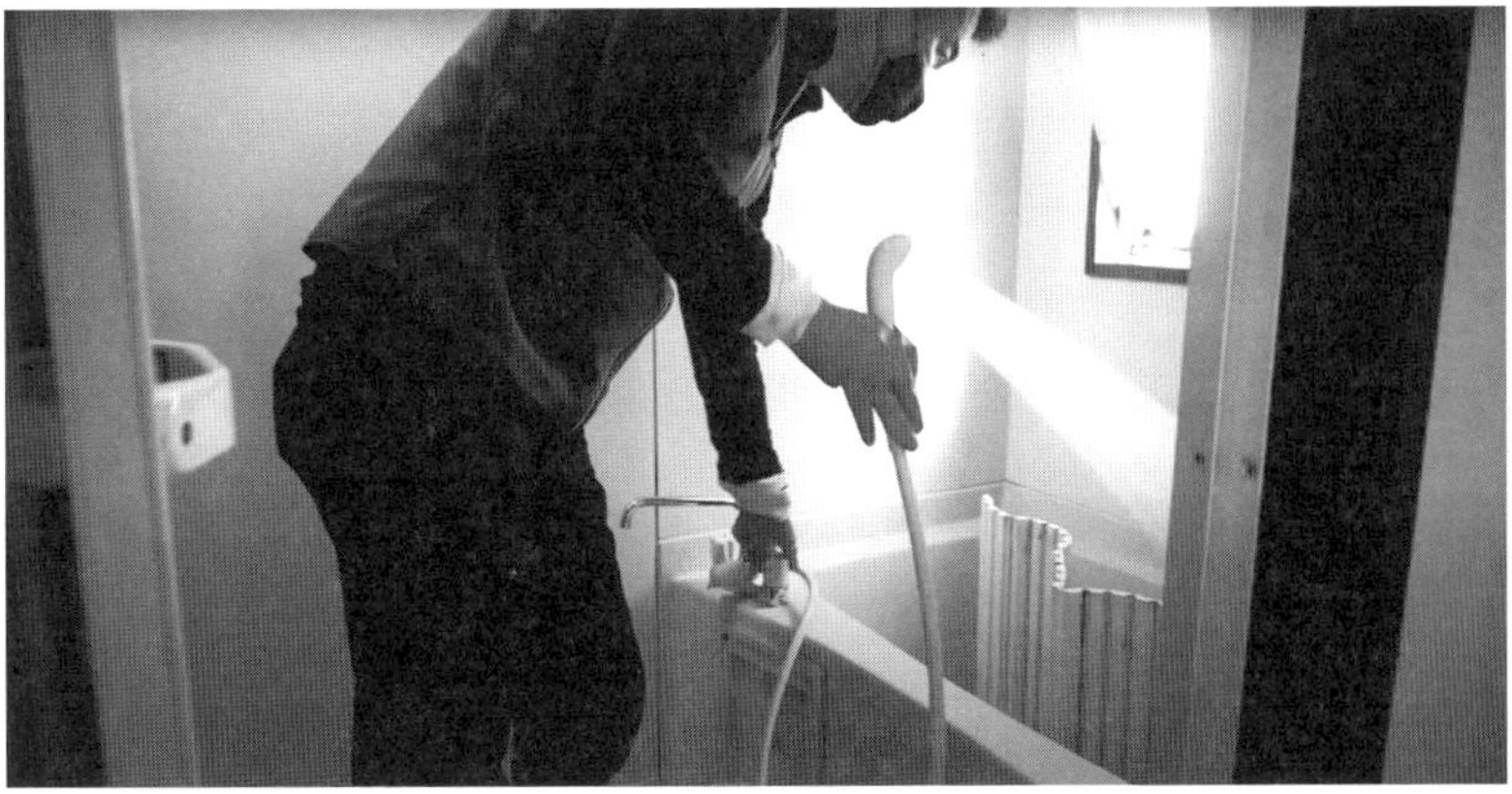

シャワーの水を勢いよくかけます。

天井や壁をキレイにします

ステップ4

ここまでは、洗剤をまいて水で流した
だけです。
天井の端や、浴槽の壁など、
石鹸カスがついています。
まだまだ汚いですね。

天井のゴムパッキンの黒い汚れ。

水圧で汚れを落とします

ステップ5

**次は、高圧洗浄機や
強めのシャワーで
汚れを吹き飛ばします。**

床は高圧洗浄機を使います。

フタを洗います

ステップ6

浴槽のフタも同様に洗います。

じゃばらの浴槽のフタの汚れ。

天井には塩素系の洗剤を塗ります

ステップ7

天井の端がまだ汚いです。
わたしは、いつもここは塩素系濃縮タイプ洗剤で濡らします。
塩素系濃縮タイプ洗剤をちょっと取って塗ります。
そしてしばらく放置します。臭うので、必ず換気しながらやってくださいね。

ゴム手袋をつけましょう。

壁をこすります

ステップ8

食器用洗剤をナイロンタオルに取って壁をこすります。

ナイロンタオルを使います。

浴槽と床をやさしくこすります

ステップ9

浴槽の中も床も、
ひたすらこすっていきます。
ナイロンタオルは力を入れないでくださいね。力に頼るのではなくて研磨力に頼る感じで。
下地を傷つけずに、
上だけこすり取るという感覚です。

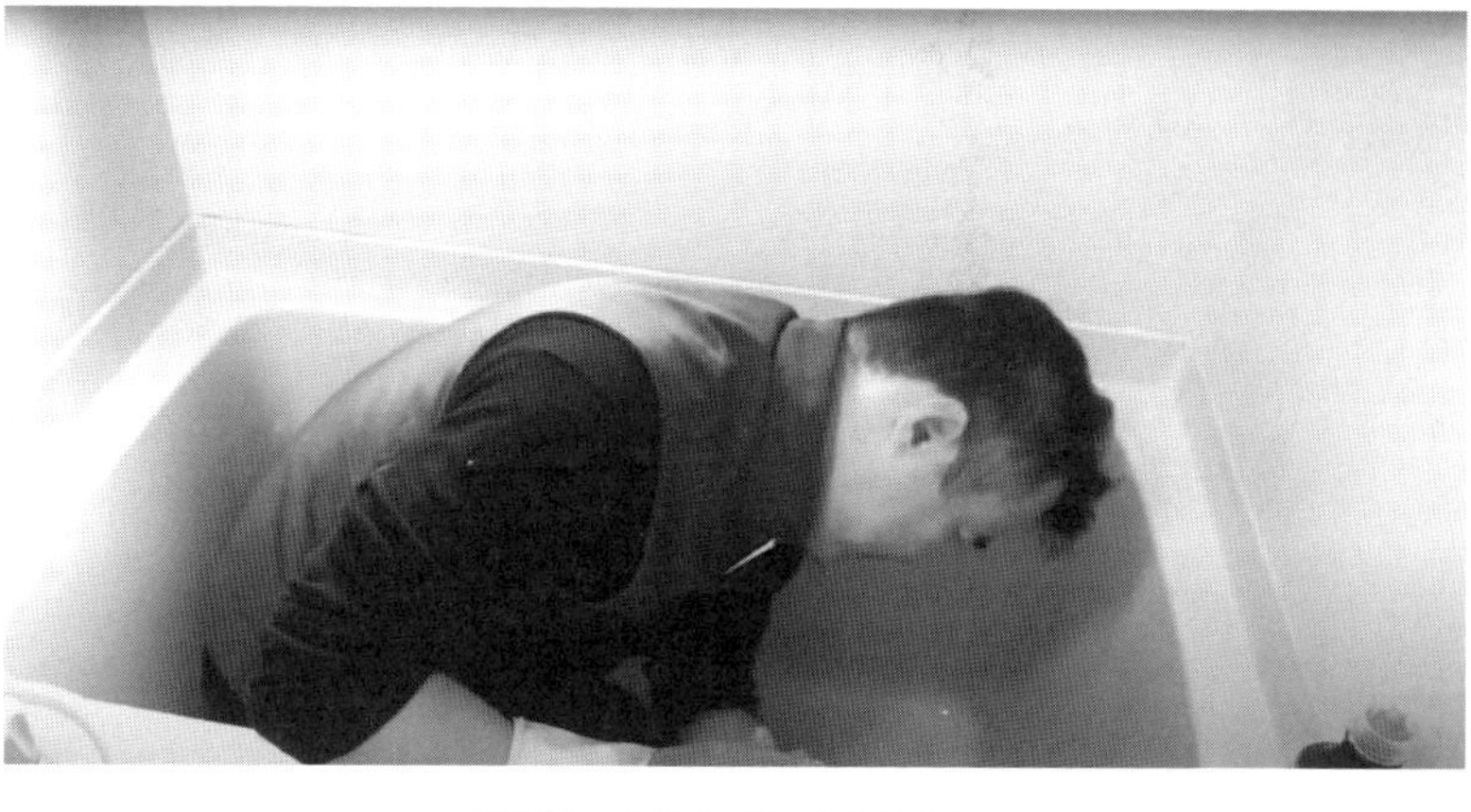

浴槽は力を入れずにこすります。

浴槽の壁もツルツルに

ステップ10

浴槽の壁も磨きます。
ズッと音がするところは、
まだ湯アカが落ちていないところです。
落ちているところはツルツル、
そうでないところはザラザラ。
音でわかります。

浴槽の壁も洗いましょう。

すっきりキレイになりました

アフター

終了です。
すっきり、キレイになりました。

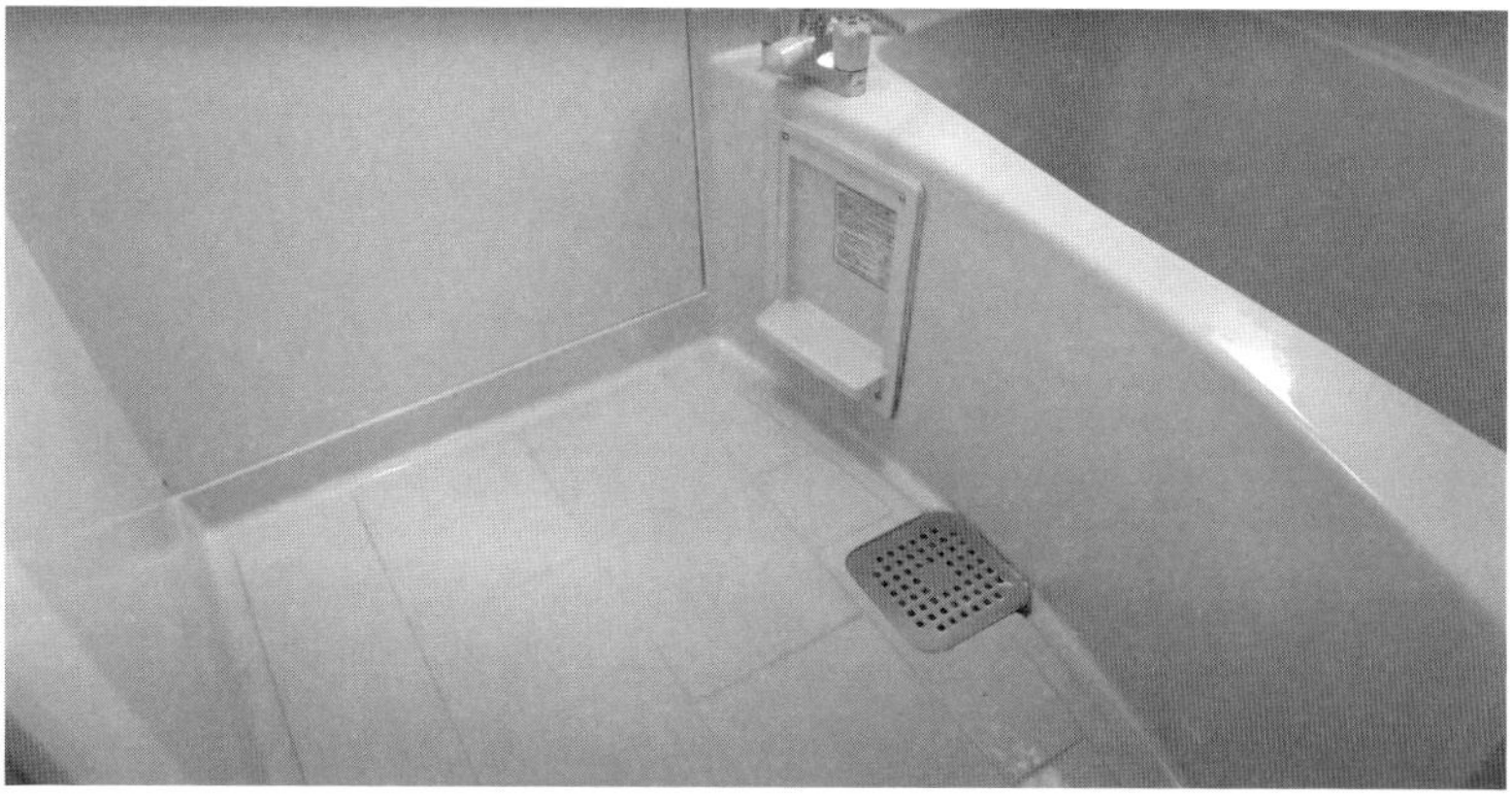

キレイになった風呂場の様子。

2

蛇口まわりを磨き上げる！

いろんなアカを取って
輝きを取り戻しましょう。

蛇口まわりの洗いかた

ステップ1

食器用洗剤とナイロンタオルを用意する

ステップ2

ナイロンタオルで軽くこする

ステップ3

やさしく洗う

ステップ4

汚れを残さず落とす

アカやカスをとります

ビフォー

蛇口まわりのお掃除について、
詳しく説明していきたいと思います。
水アカ、湯アカ、皮脂、石鹸カス……
いろいろとたっぷりついていますね。

輝きを失った蛇口。

食器用洗剤とナイロンタオルを用意します

ステップ1

ここを洗うために、
わたしが使っているのが食器用洗剤
（弱アルカリ性）です。
あと、意外と便利なのが、
体を洗うナイロンタオルです。

食器用洗剤が重宝します。

ナイロンタオルが大活躍！

ステップ2

体を洗うナイロンタオルを使うと、
裏までしっかり洗えます。
体を洗う要領です。
このナイロンタオル、
意外と便利なんですね。
わたしは自宅でも、
普段のお掃除にこれを使っています。

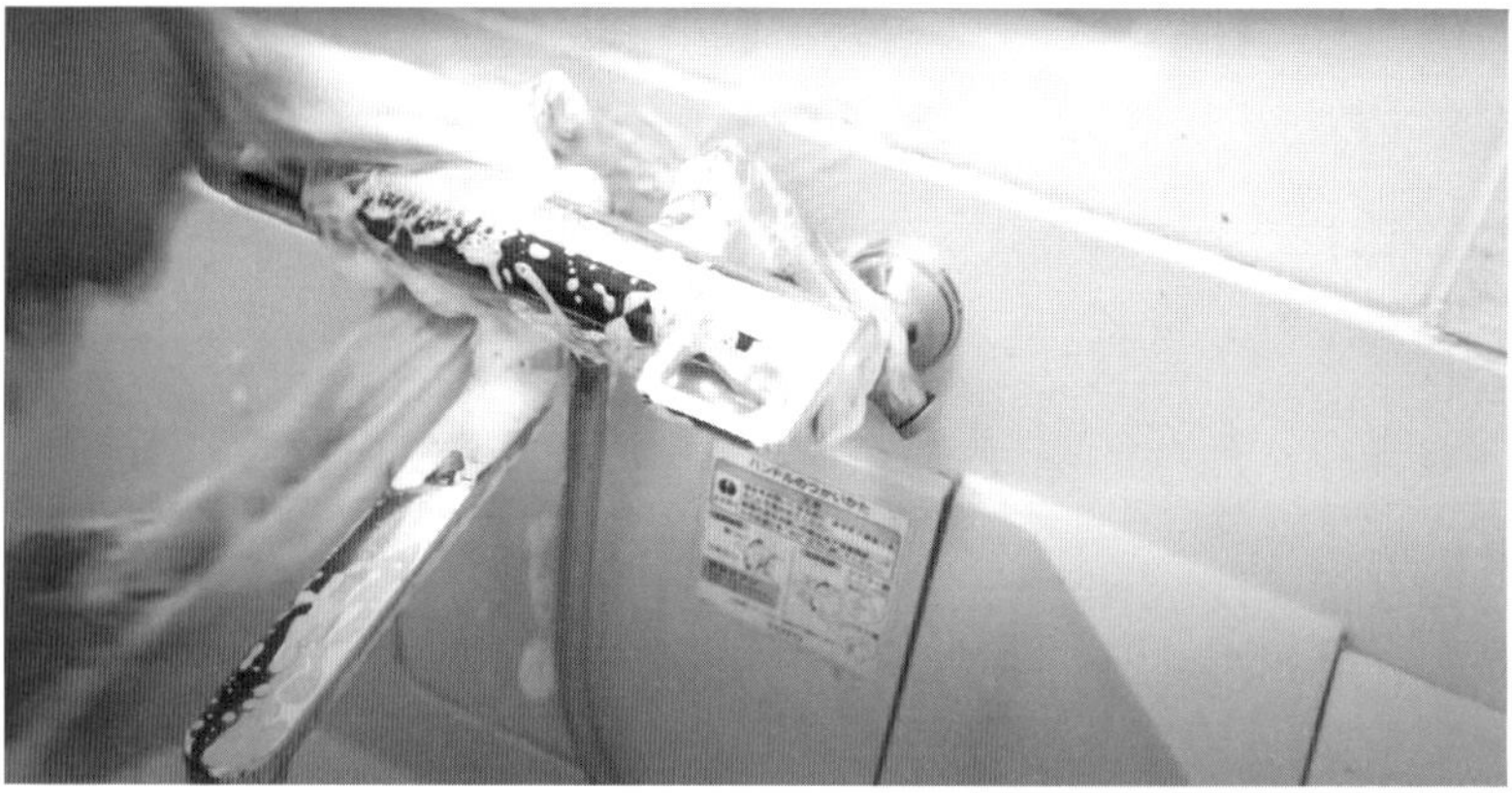

ナイロンタオルでこすっている様子。

やさしく洗います

ステップ3

**ナイロンタオルで落ちない汚れは
コゲ取りスポンジに洗剤を含ませて、
傷がつかないように軽くこすりましょう。
青とか赤とか、色のついたところは、
コゲ取りスポンジでこすると色が
ハゲてしまいますので、
軽〜くやさしく洗いましょう。**

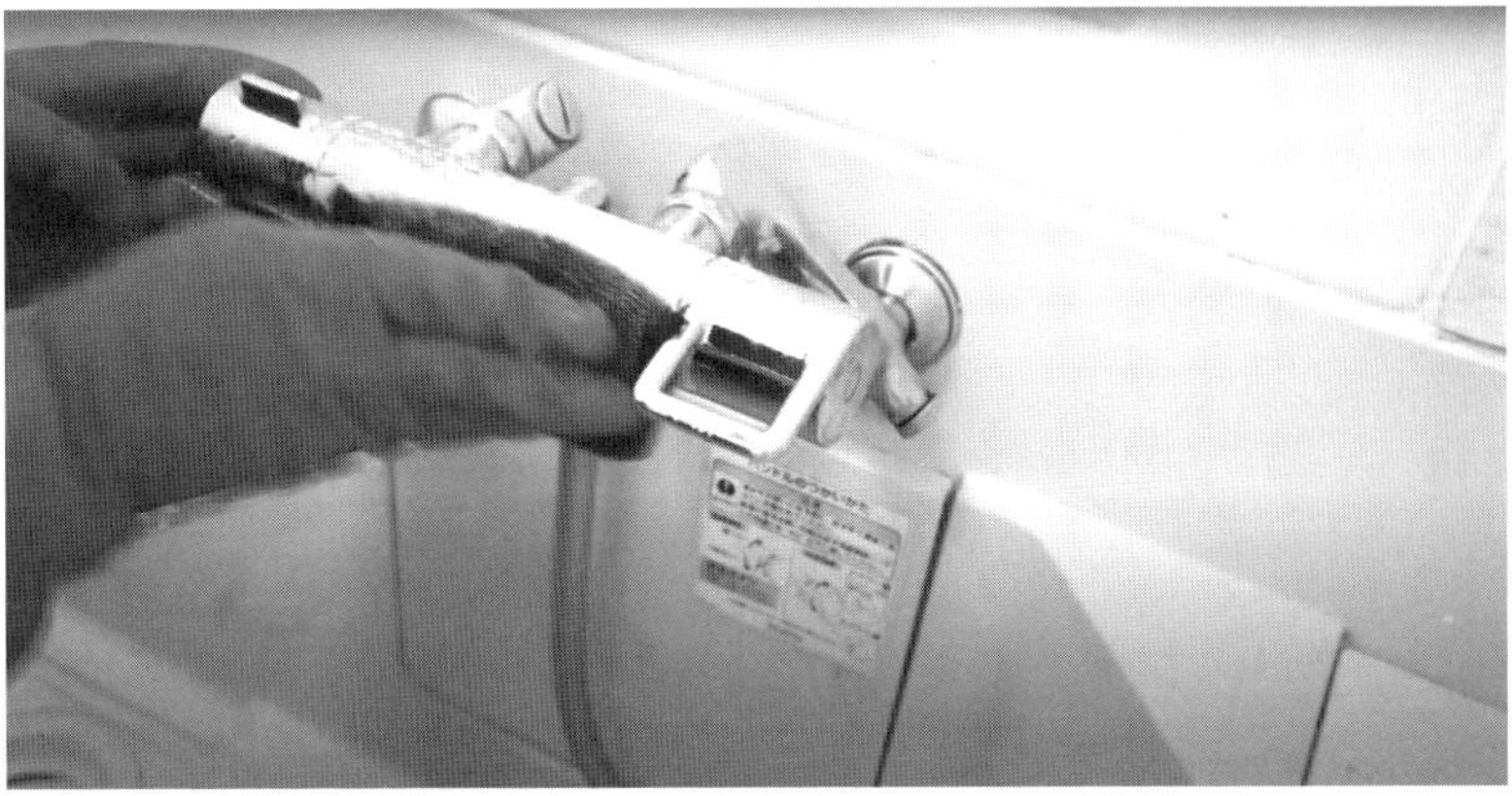

軽く洗うのがベスト。

汚れは残さずに落とします

ステップ4

**取り残した汚れを、
ナイロンタオルを使って、
さらに落としていきます。**

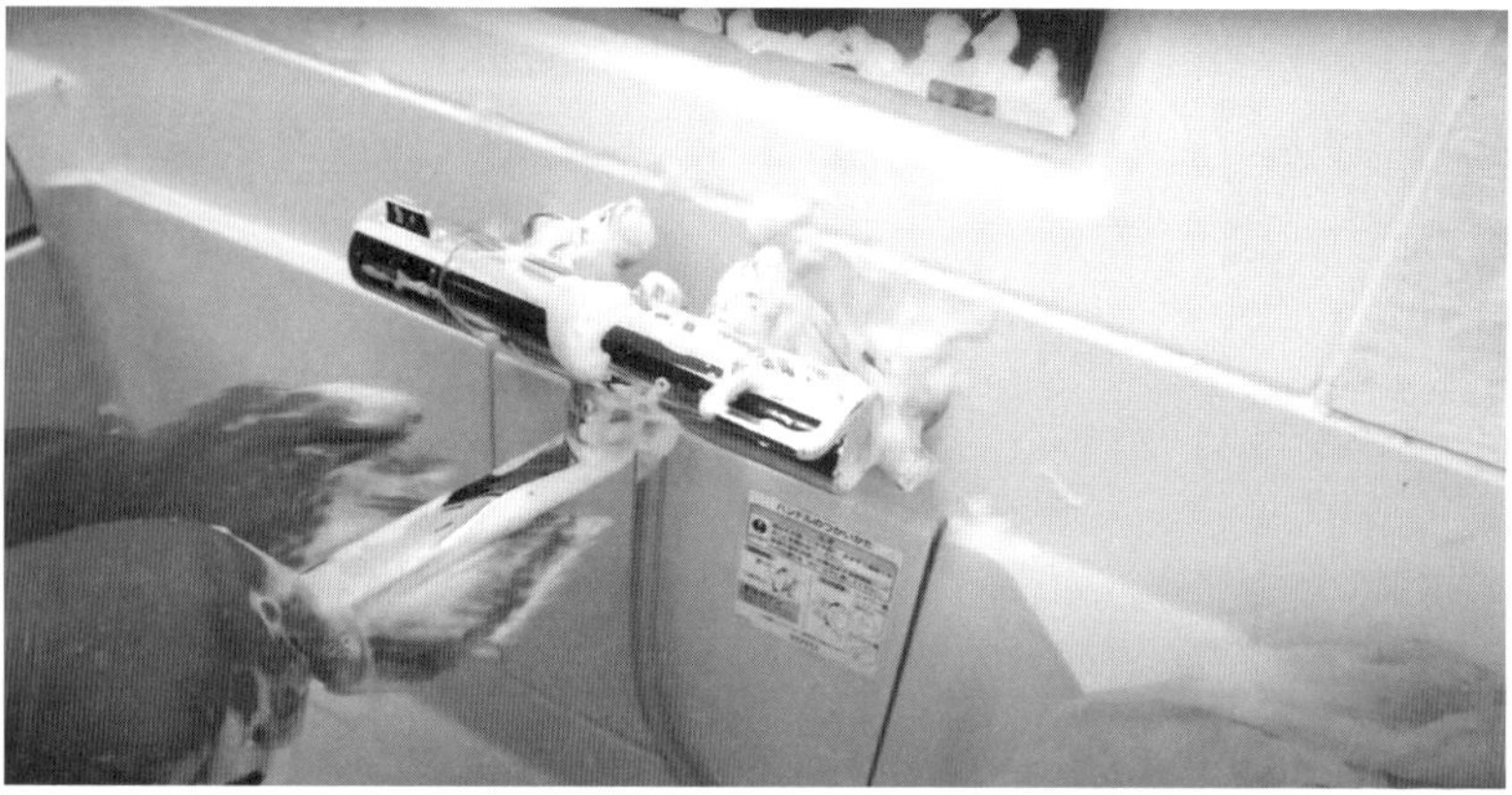

すみずみまで洗います。

すっきりキレイになりました

アフター

**終了です。ピッカピカになりましたね!
使った洗剤、コゲ取りスポンジ、
ナイロンタオルは、
みんな100円ショップで買いました。
5分くらいでピカピカになるので、
ぜひ試してみてください。**

ピカピカになった蛇口全体。

3

扉にもいろいろなアカがいっぱい！

外側と内側をまんべんなく汚れを落としましょう。

風呂場の扉の洗いかた

ステップ1

外側に酸性のトイレ用洗剤を塗る

ステップ2

塗って、溶けるをくりかえす

ステップ3

重ね塗りをして、汚れを落とす

ステップ4

内側を食器用洗剤で洗う

ステップ5

上から下へ洗っていく

ステップ6

内側の硬いところにトイレ用洗剤を塗る

ステップ7

外側の面、敷居なども洗う

ステップ8

内側を水で洗い流す

扉の外側に注目!

ビフォー1

かなり汚れていますね。
扉の内側(浴槽のある側)じゃなくて、
なぜか外側のほうに、
カリカリした硬いものが
ついているんですよね。

かなり汚れている扉。

内側の汚れはカスやアカです

ビフォー2

扉の内側です。
こういった汚れは石鹸カスです。
あとは水アカと湯アカです。
風呂場の内側と外側では、
汚れかたがちょっとちがうんですね。

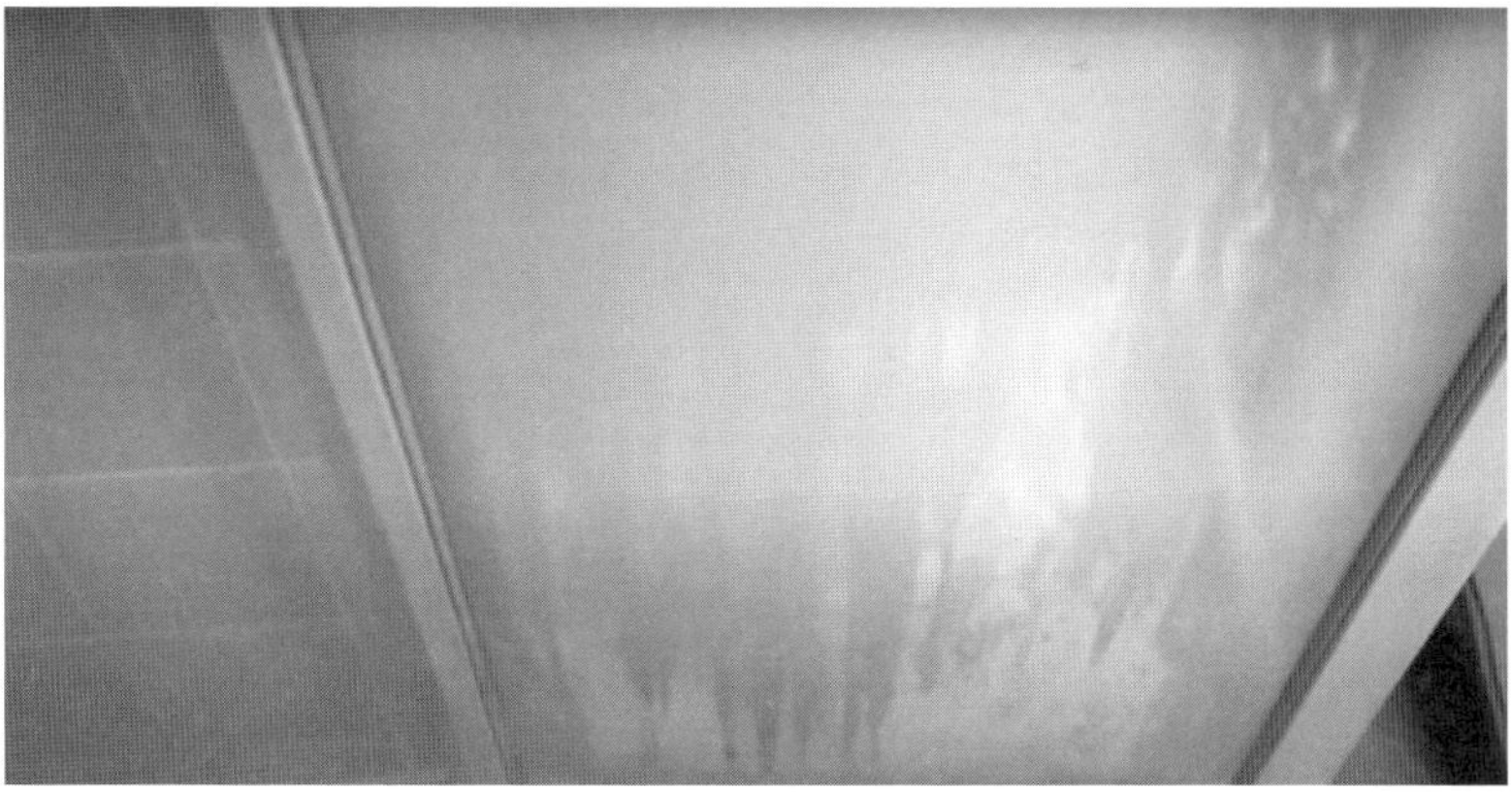

風呂場の内側から見た扉の下の部分。

扉の外側にトイレ用の洗剤を塗ります

ステップ1

外側の、硬くなったカリカリした部分は、酸性のトイレ用洗剤のような酸性系の洗剤だと良く落ちます。

ハケで塗っていきます。

シューッという音がしています。

ハケで洗剤を塗ると効率アップ！

「塗る→溶ける」をくりかえします

ステップ2

塗るとすぐに
じんわり溶けてきます。
そうしたらまた塗ります。
これを何回かやると、
かなり柔らかくなってきます。

汚れが少しずつ溶けていきます。

ステップ3

重ね塗りをします

ブラシでこすります。
まだ落ちなければ
ステップ2、ステップ3をくりかえします。

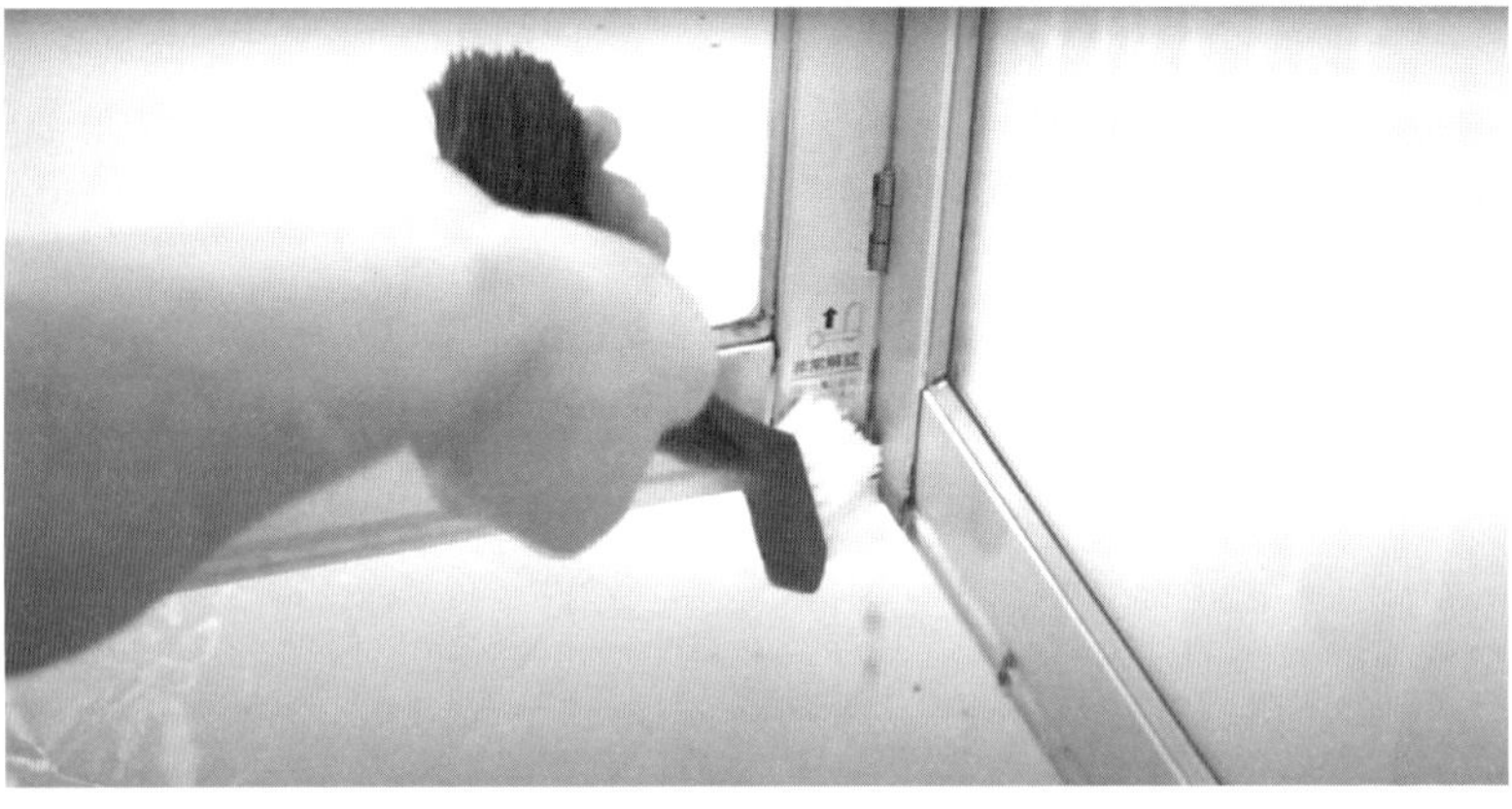

水とブラシで汚れを落としています。

内側を食器用洗剤で洗います

ステップ4

最初に、ナイロンタオルで
軽く洗います。
使う洗剤は食器用中性洗剤です。
湯アカなどにすごく効き目があります。

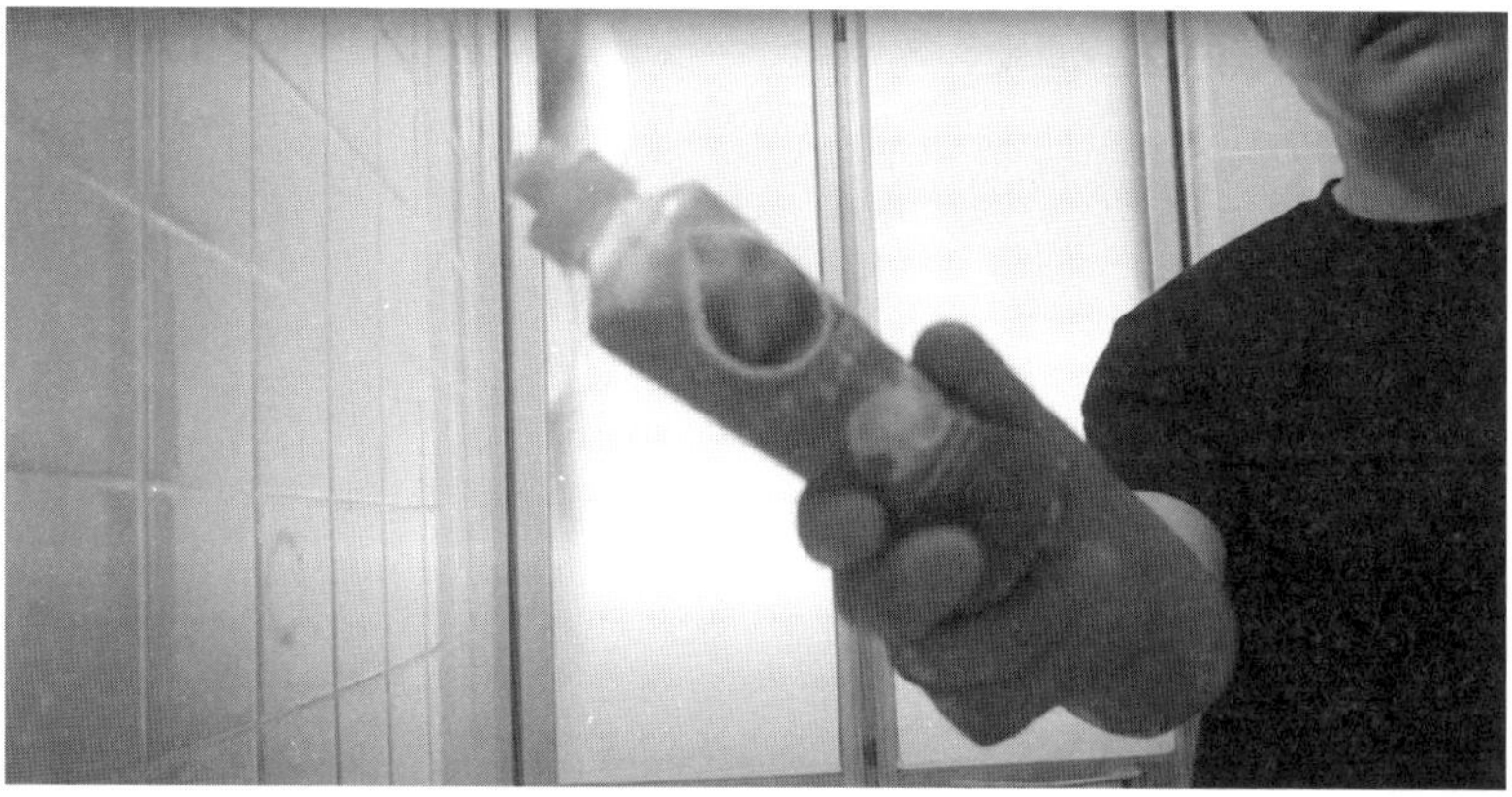

食器用洗剤が決め手です。

下のほうを念入りに洗います

ステップ5

**一般的に風呂場は、
シャワーなどの跳ね返りで、
下から50cmくらいのところが
汚れていて、上はそれほど
汚れていません。
では上から洗っていきましょう。
フチなどはブラシも使います。**

風呂場の内側から扉の面の部分を磨いている様子。

内側もトイレ用の洗剤でキレイに！

ステップ6

カリカリがついて硬くなっている
ところは、やはり酸性の洗剤を塗ると、
カンタンに落ちます。
食器用洗剤で落ちなかった汚れも
キレイに落ちます。

内側もハケを使います。

敷居部分も忘れずに！

ステップ7

外側の面の部分も、
内側同様に洗っていきます。
このとき、敷居なども洗います。

外側の面をスポンジで洗っている様子。

内側も水で洗い流します

ステップ8

内側も、水を流しながら
細部を確認していきます。
全体を見直したら終了です。

シャワーで水をかけて洗っていきます。

すっきりキレイになりました！

アフター1

**とてもキレイになりましたね！
コツは、酸性の洗剤を「塗って
こすって」をくりかえすことです。**

キレイになった扉の下部の様子。

落としにくいところもキレイです

アフター2

カリカリもすっかり取れています。
場所によっては、
落ちにくいところがあります。
そういうときは、少し硬いヘラで
削ってあげるといいかもしれません。

汚れが落ちた下部。

4

くすんだ鏡をクリアにする！

憎き水アカを退治して輝きを取り戻す

風呂場の鏡の洗いかた

ステップ1

水アカ除去剤などを用意する

ステップ2

酸性洗剤を雑巾につける

ステップ3

雑巾で鏡を拭き、10分放置

ステップ4

水で洗い流す

ステップ5

フェルトで鏡を磨く

ステップ6

手で磨く

ステップ7

(プロは)サンダーを鏡に押しつける

ステップ8

雑巾と水切りワイパーで水気を切る

くすんだ鏡はとてもストレス

ビフォー

かなり汚れている鏡です。
わたしの体がはっきりとは
見えませんね。

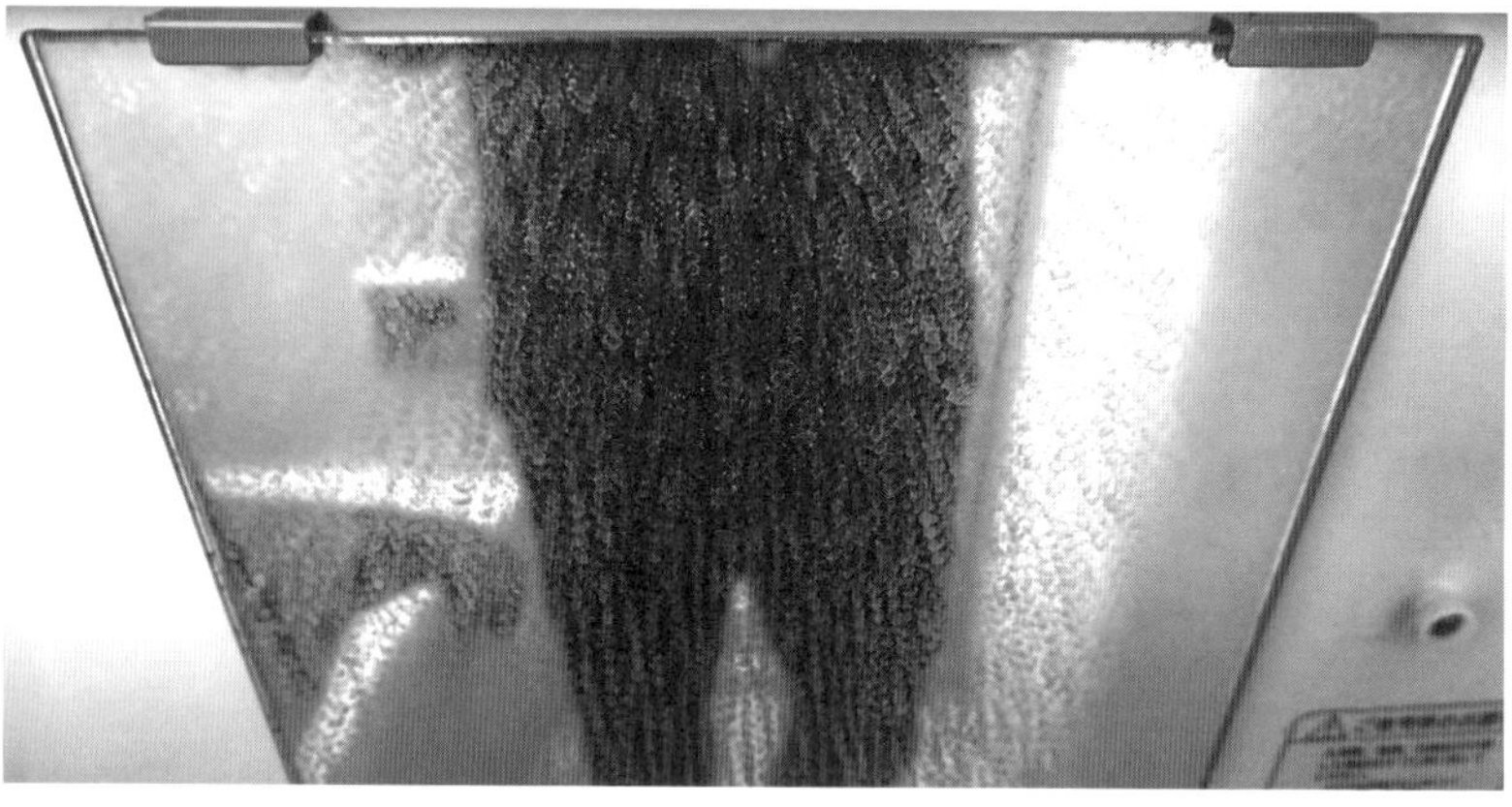

かなり汚れている鏡。

水アカ除去剤を使ってみます

ステップ1

鏡の水アカは落とすのが
大変なんですが、
今回はこの洗剤を使ってみたいと
思います。
水アカ除去剤です。
研磨剤が入っている酸性洗剤です。

こちらは業務用です。

酸性洗剤でもOK!

ステップ2

まずはカルシウム分を
少し柔らかくします。
酸性洗剤でかまいませんので、
雑巾に含めます。

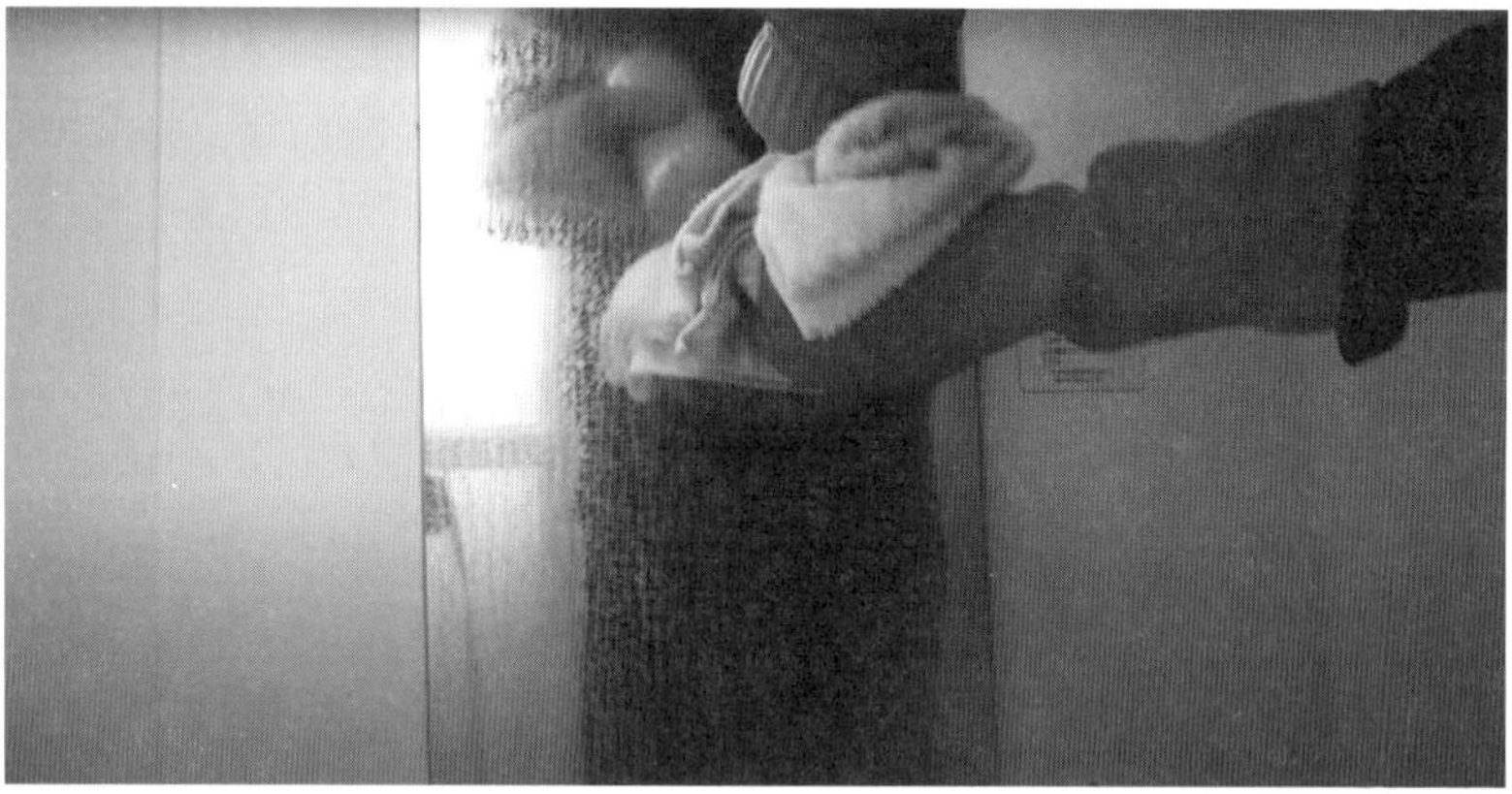

適量を雑巾につけます。

洗剤をつけた雑巾を鏡に塗ります

ステップ3

この雑巾で鏡を拭いて
酸性洗剤を塗りつけます。
このとき、金属の部分には塗らないでください。
変色させてしまいますので。
塗ったあとは10分くらい放置します。

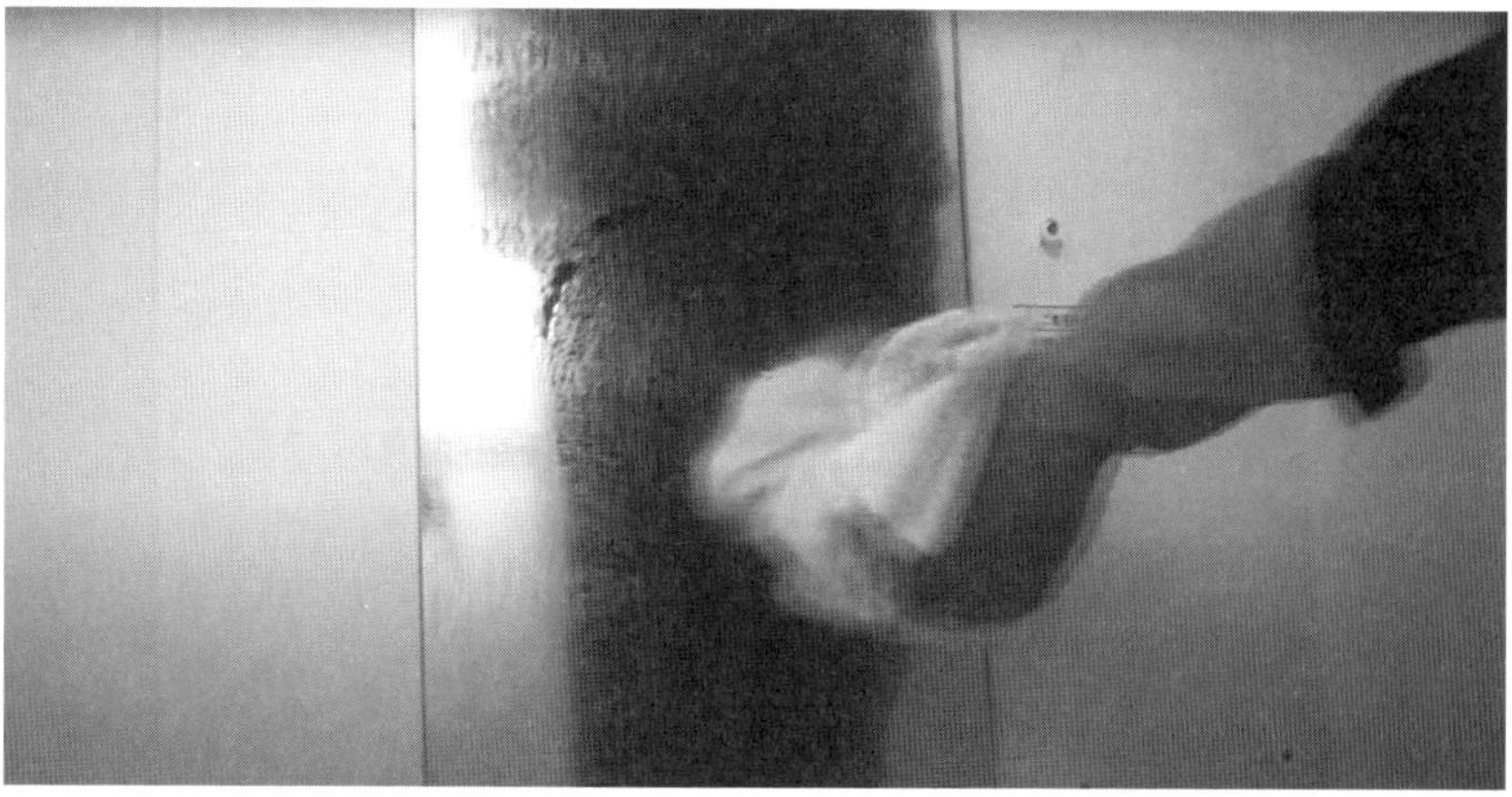

金属部分には塗らないように。

水で洗ったら、フェルトを使います

ステップ4

水で洗い流して、そのあと、
フェルトというものを使います。
鏡の水アカを落とすために
使う用具のひとつです。
キューブで、持ちやすくなっています。

これがフェルトです。

フェルトで時間をかけて丁寧に磨く！

ステップ5

**水アカ除去剤をフェルトに取り、
鏡を磨いていきます。
おそらくフェルト自体には、
研磨力はありません。
密着性が良くなるんだと思います。
結局は、この水アカ除去剤で
落とすことになりますね。**

フェルトで鏡を磨いている様子。

手で磨きます

ステップ6

手で磨きます。
このまま手でやるとけっこう時間が
かかりますので、（わたしはズルをして）
プロのわたしたちはここから、
ブルブル震える機械のサンダーを
使います。

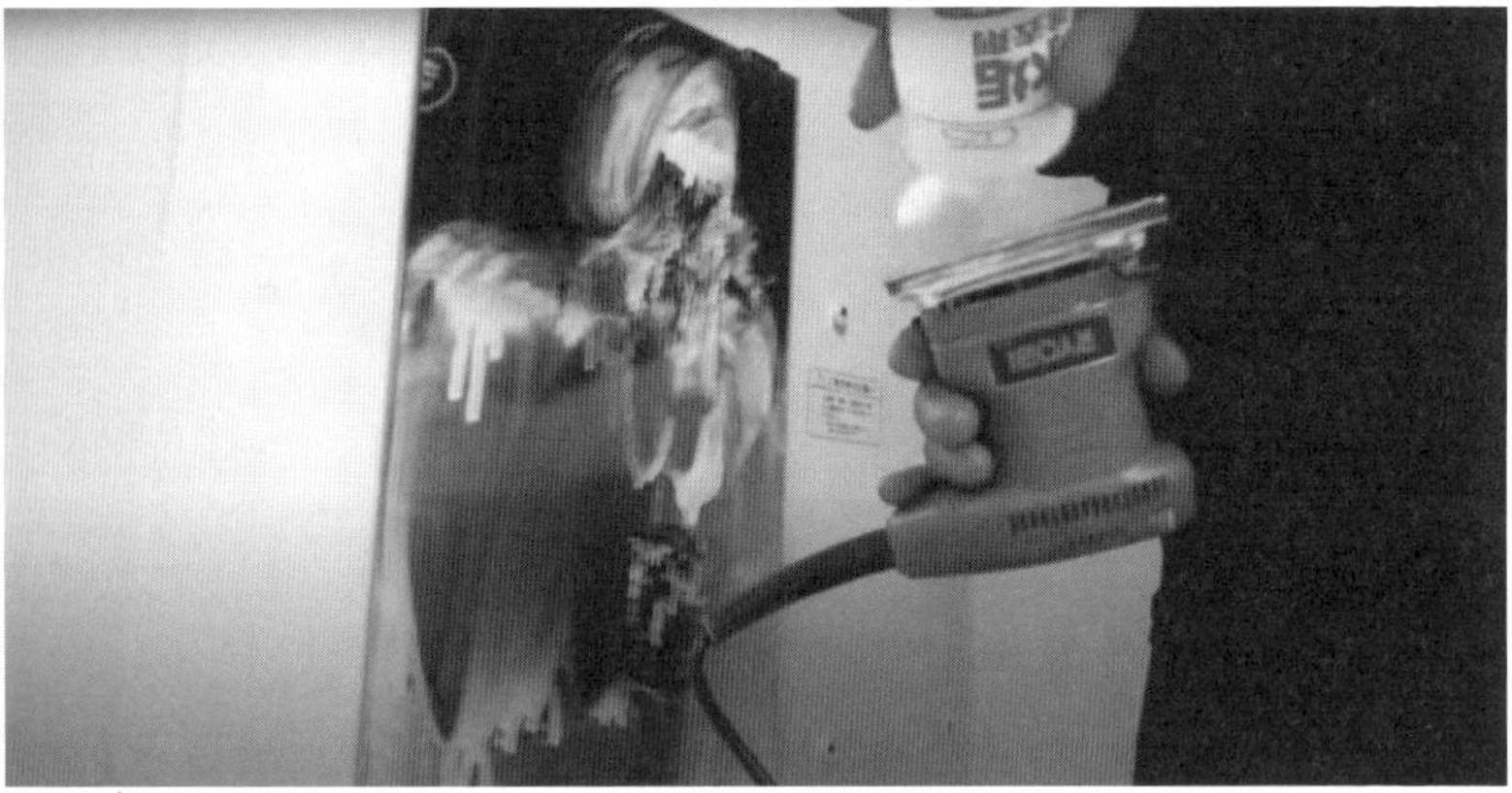

水アカ除去剤をサンダーのダイヤモンドパッドにつけます。

ダブルの力で磨きます

ステップ7

このサンダーを鏡に押しつけます。

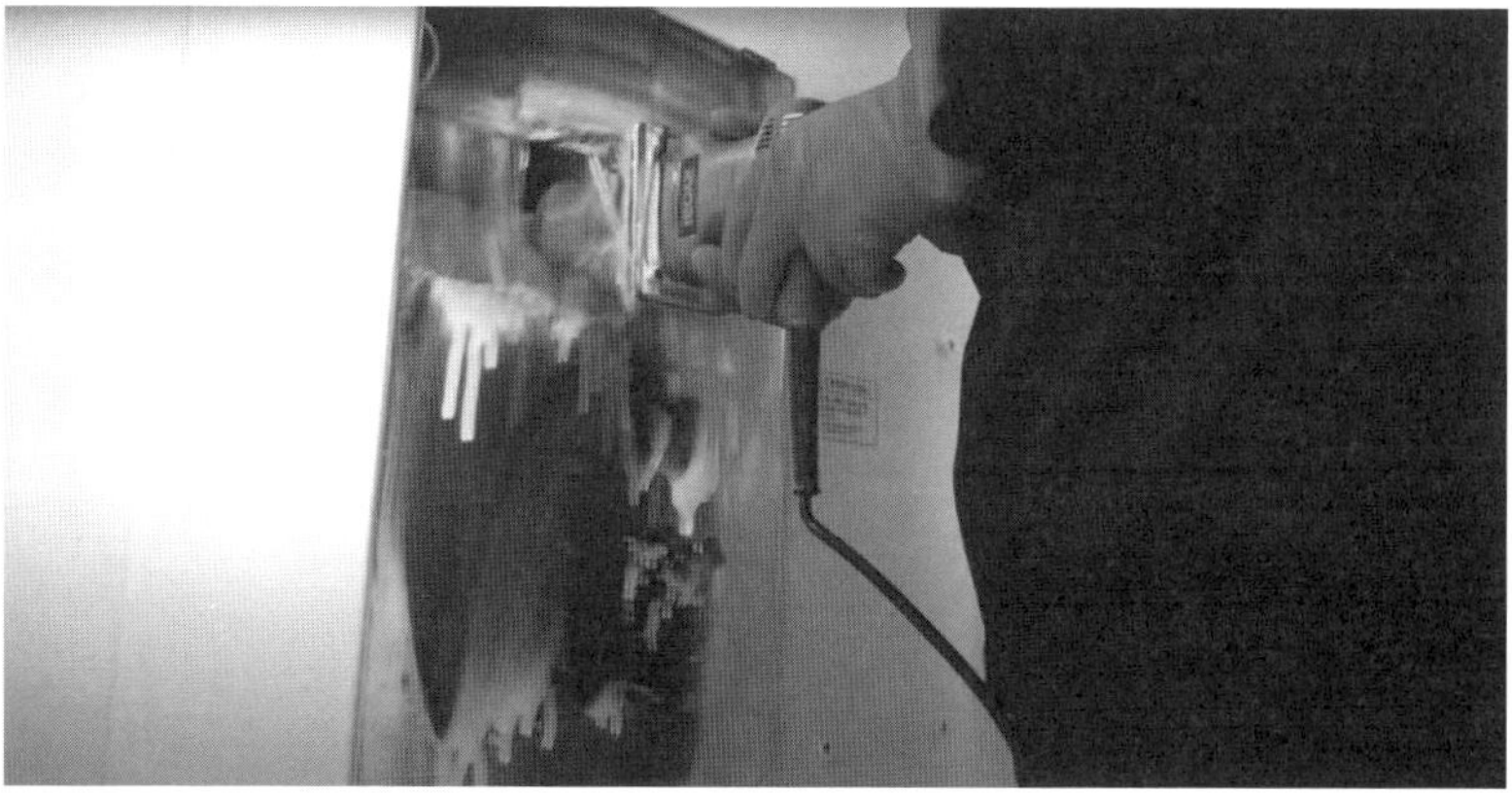

サンダーを鏡に押しつけている様子。

仕上げは水気をしっかり切ります

ステップ8

雑巾と水切りワイパーで、
キレイに水気を拭き取って乾かします。

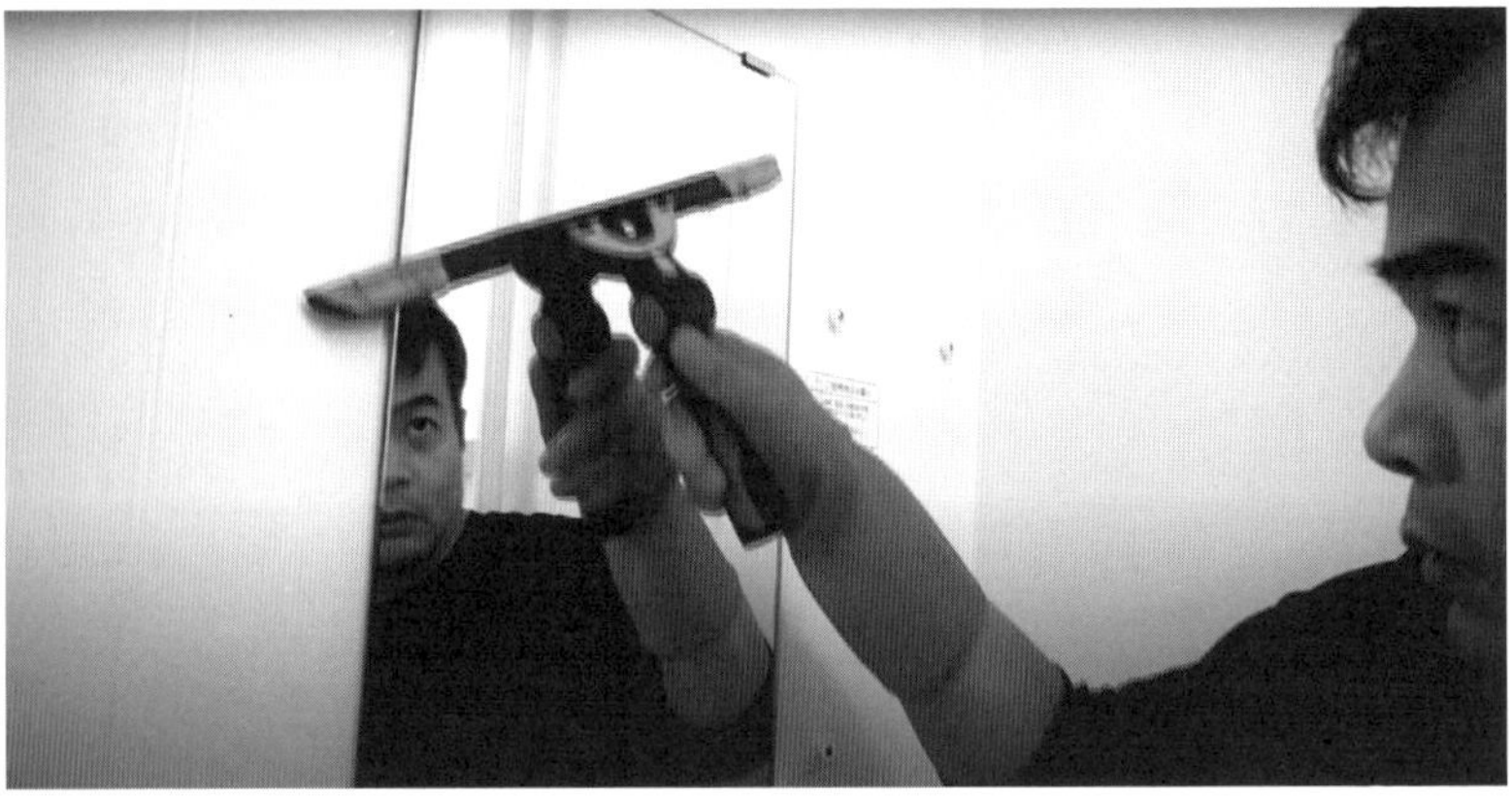

水切りワイパーは便利です。

すっきりキレイになりました！

アフター

とてもキレイになりました！

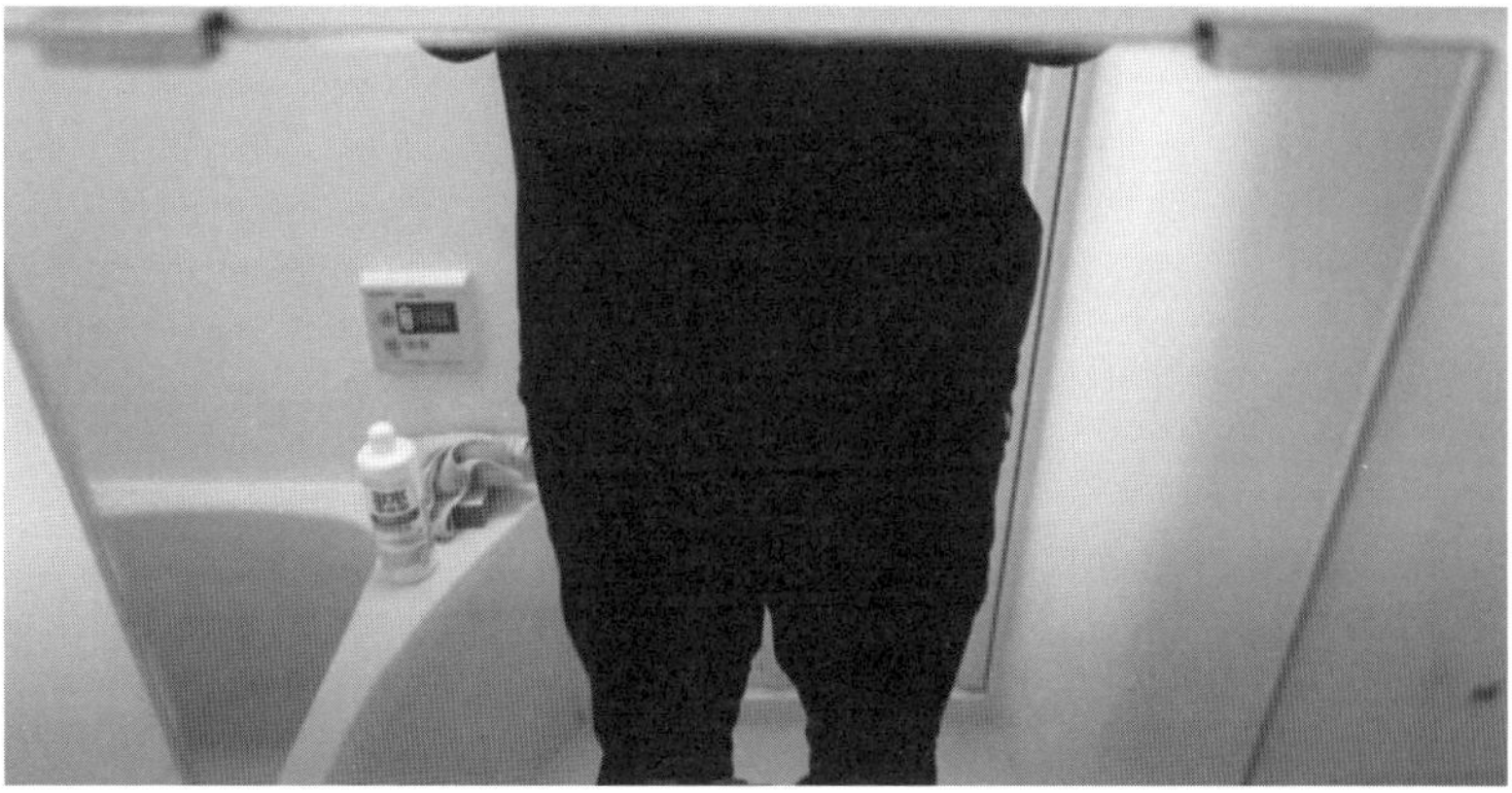

クリアに映っています。

家庭でカンタンにできるアドバイス

酸性系（クエン酸等）の洗剤を塗ったあとは、ラップで鏡の洗剤を乾かないようにします。水アカが柔らかくなったところでホームセンターで購入できる、鏡・ガラス用の研磨剤やフェルトなどで優しくこすります。さらに鏡用の研磨剤が入った洗剤と一緒にこすると落ちやすくなります。

※小さな鏡でもサンダーで20分ぐらいかかるので、手作業では3時間ぐらいかかってしまいます。小さい鏡は交換してしまったほうがいいときも。

普段の生活で注意する点として、まずは水アカがつかないようにお風呂上がりには水切りワイパーなどで水を切ってから出るようにしましょう。水アカがつきにくくなり、キレイな鏡を保つことができますよ。

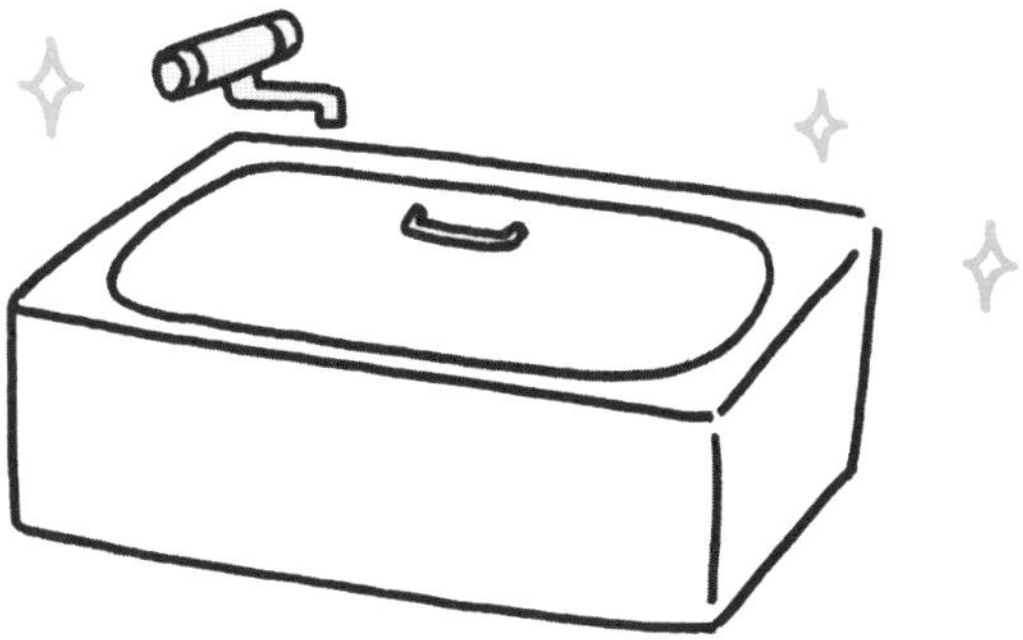

COLUMN

鏡の水アカの落としかた。

水アカを落とす方法はひとつだけではありません。いくつかの方法がありま す。プロはそれぞれ自分の方法でやっていると思います。

復習になりますが、最初に酸性の洗剤を塗ります。

酸性の洗剤は、鏡に使用することは可能です。

水アカのカルシウム分を溶かしたり柔らかくしたりします。

水アカには、シリカスケールと呼ばれる硬いものがついていて、ガラスの素材に近いというか、ほとんどガラスと同じものなので、鏡とくっついてしまうのです。

ですから、ガンコな水アカになっている場合、ガラスについた水アカというよりも、ガラスそのものに変化しています。

なので、その上っ面だけ落とすのが、なかなか難しいこともあります。

わたしは、鏡についたシリカスケールに関しては、削ってしまいます。

残念ながら、プロであっても、洗剤だけではガンコな鏡の水アカは落とせません。必ず削って処理をします。

き

エリア3

AREA 3

トイレを洗う!

みなさん、どれくらいの頻度でトイレのお掃除をしていますか？　1か月に1回？　1週間に1回？　えっ、毎日されている？　素晴らしいですね。毎日お掃除をされていたら、便器の中に黒い輪なんてできていませんよね。

でもちょっとさぼると、水が溜まっているフチに黒い輪ができますよね。いわゆる「さぼったリング」が。

これは、洗剤だけで簡単に落とすことができるんです。こすらなくてもいいんですよ。その方法をお教えしましょう。

ところで、みなさんのトイレ、臭うことってありますか？　消臭剤とか芳香剤を使われているかもしれませんね。トイレが臭うのは臭う原因があるからです。だから、どんなに芳香剤を使ったとしても臭いは出続けます。ですから、臭いの元をお掃除してしまいましょう。

そこで、温水洗浄便座の分解方法も説明したいと思います。分解ってむずかしい？　いえいえ、とても簡単なんですよ。ここを掃除すると、イヤな臭いを取ることができるんです。

ちなみにわたしの自宅では、芳香剤などは一切使っていません。ちょっとでもオシッコの臭いがするのなら、取り残しがあるわけですね。軽くサッと拭けばいい場合もあります。でも、お子さんやお父さんが元気良くトイレを使っていて、跳ねさせていたりすることも。そういうときは、分解してお掃除するのもひとつの手かもしれません。

基本的には、トイレを汚すのはやっぱり男性が多いんですよね。立って用をされるから、高いところからになってしまって跳ねます。結果的に、意外と壁とかに跳ねています。跳ねているように感じないかもしれませんが。あとは床面ですね。ここも見えないようでいて跳ねています。

ですので、壁や床面を、中性洗剤をつけてよく拭いてあげるといいと思います。

1

さぼったリングを解消する！

洗剤をつけたら、しばらく放置。

さぼったリングの洗いかた

ステップ1

塩素系洗剤を用意する

ステップ2

リングに塩素系洗剤をかける

ステップ3

30分ほど待つ

ステップ4

水をよく流す

ステップ5

便座のフチに酸性洗剤をかける

ステップ6

30分ほど放置し、水を流す

便器の中をじっくり観察！

ビフォー

まず便器の汚れを見てみましょう。
「さぼったリング」が出ていますね。
ここにはカビとか、
いろいろなものがついています。

コレがさぼったリングです。

黒っぽい汚れには塩素系洗剤を

ステップ1

**カビとか黒い汚れのときは、
塩素系濃縮タイプ洗剤を使います。**

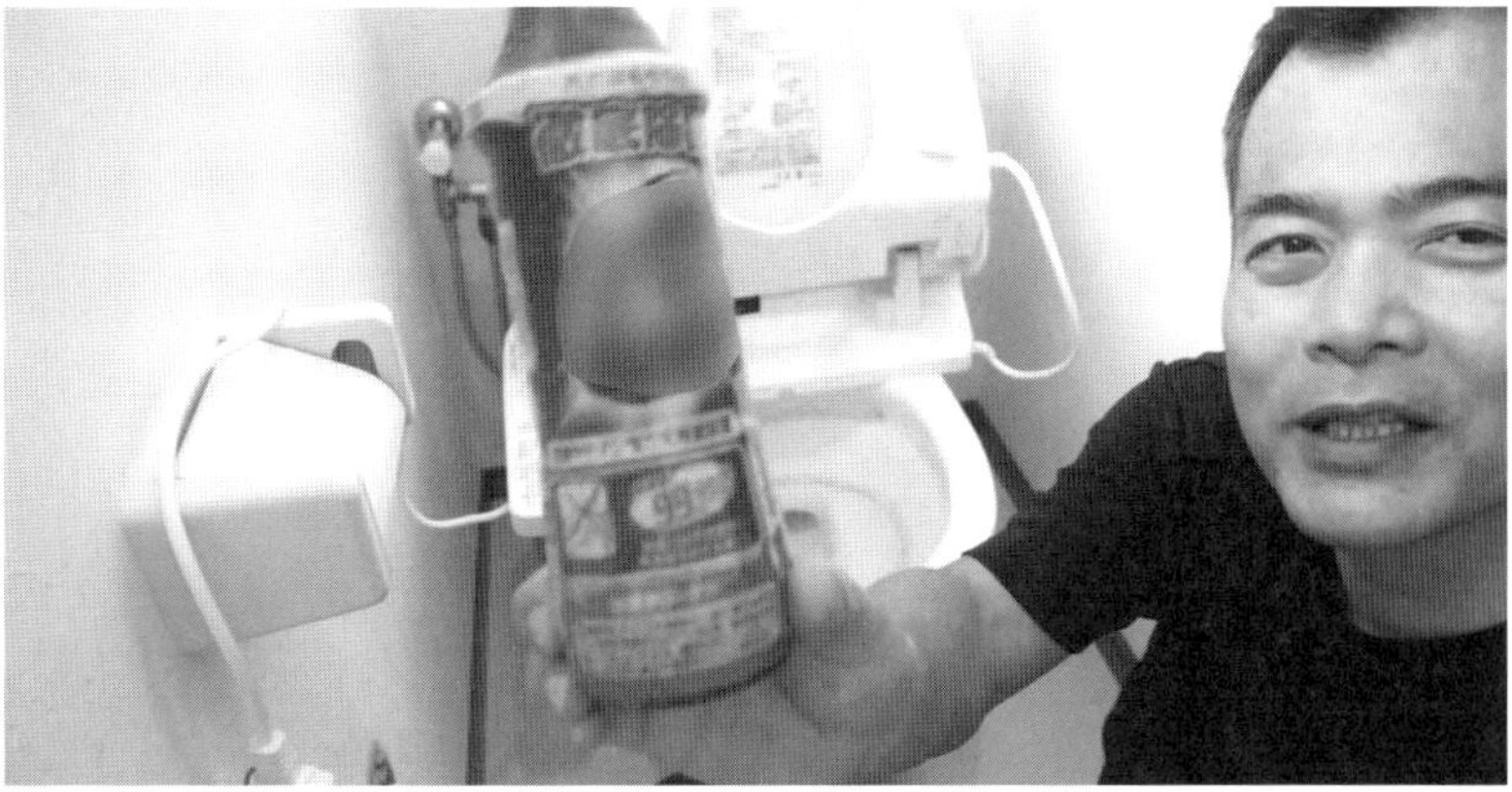

塩素系の洗剤です。

リングに洗剤をかけます

ステップ2

**黒い部分がリングみたいに
なっていますね。
この黒いフチに塩素系濃縮タイプ洗剤
をかけていきます。
そして、このまま30分待ちます。**

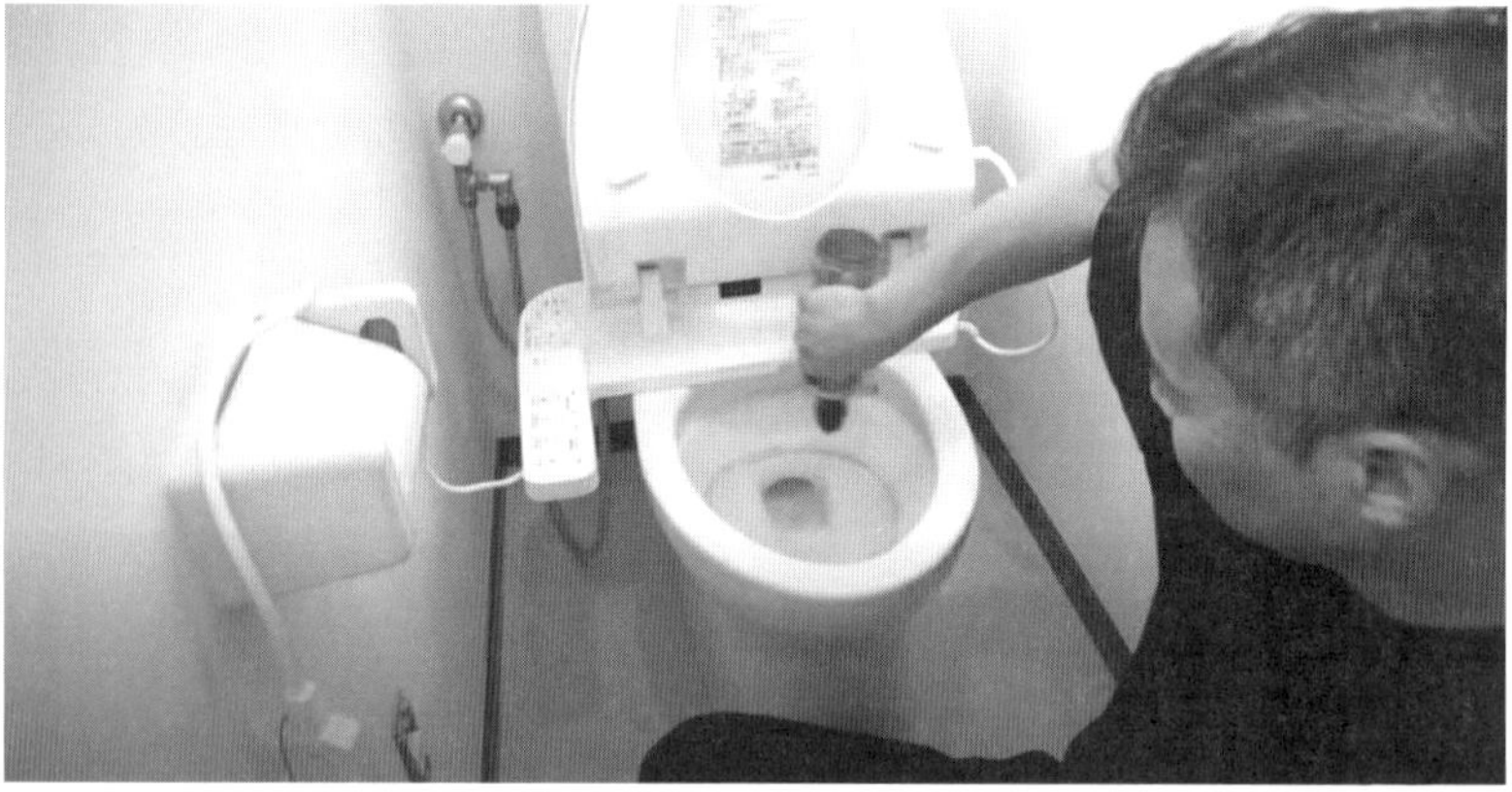

さぼったリングに洗剤をかけていく。

30分ほど待ちます

ステップ3

30分経ちました。
黒ずみが落ちていますね。
酸性のトイレ用洗剤をかけても
ここまでは落ちません。

黒ずみが落ちていますね。

便座の掃除には酸性タイプの洗剤を！

ステップ4

**次は、便座のフチを掃除しましょう。
黄色い汚れや臭う汚れ
（人間の体内から出た汚れ）には、
酸性系濃縮タイプ洗剤を使います。**

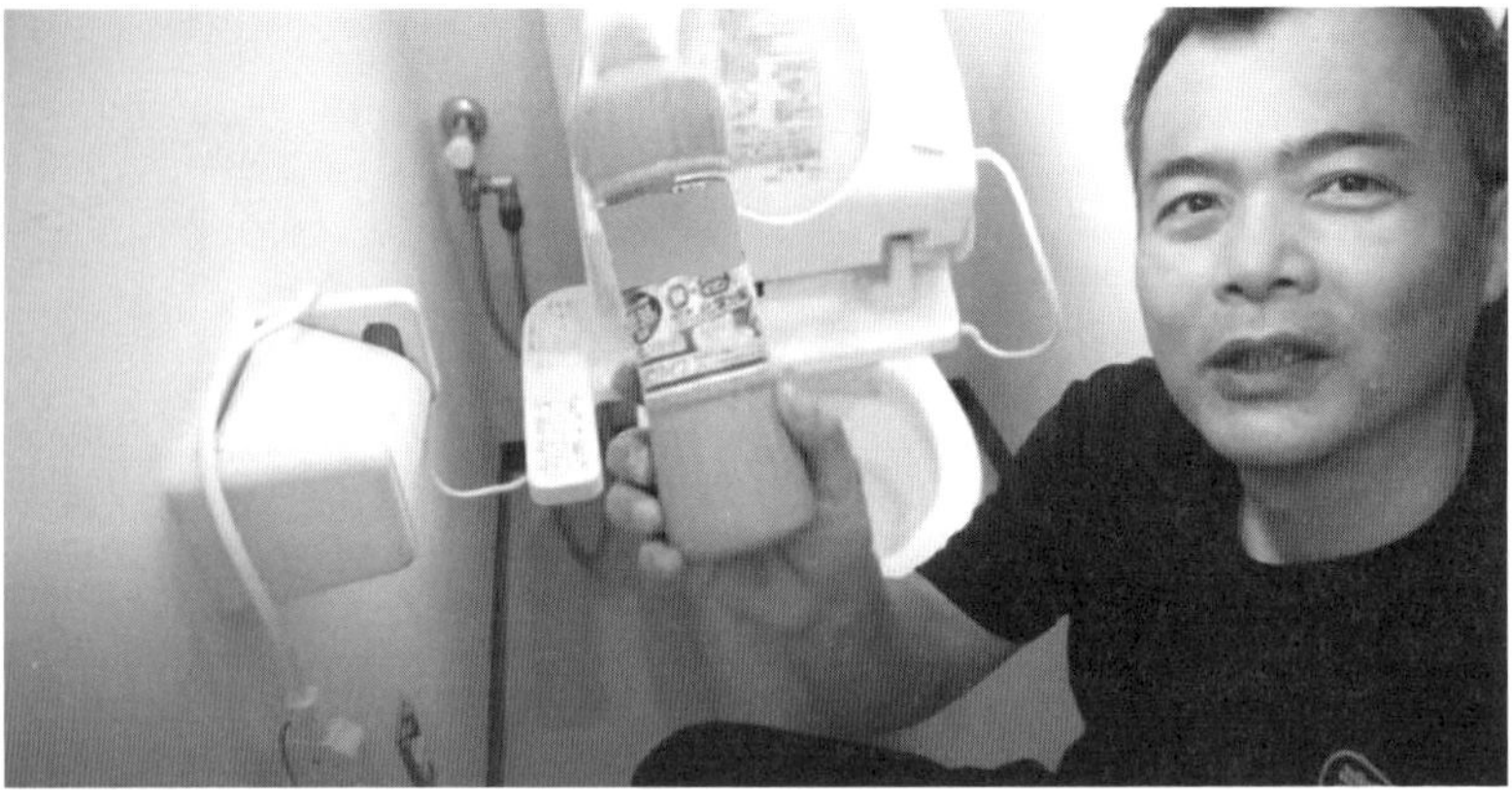

酸性のトイレ用洗剤です。

水をよく流してから洗剤を使います

ステップ5

**まず、水を何回か流します。
それは、これから酸性のトイレ用洗剤を
使うからです。
塩素系濃縮タイプ洗剤と混ぜると
危険ですから。
みなさんは別の日にやると安心です。**

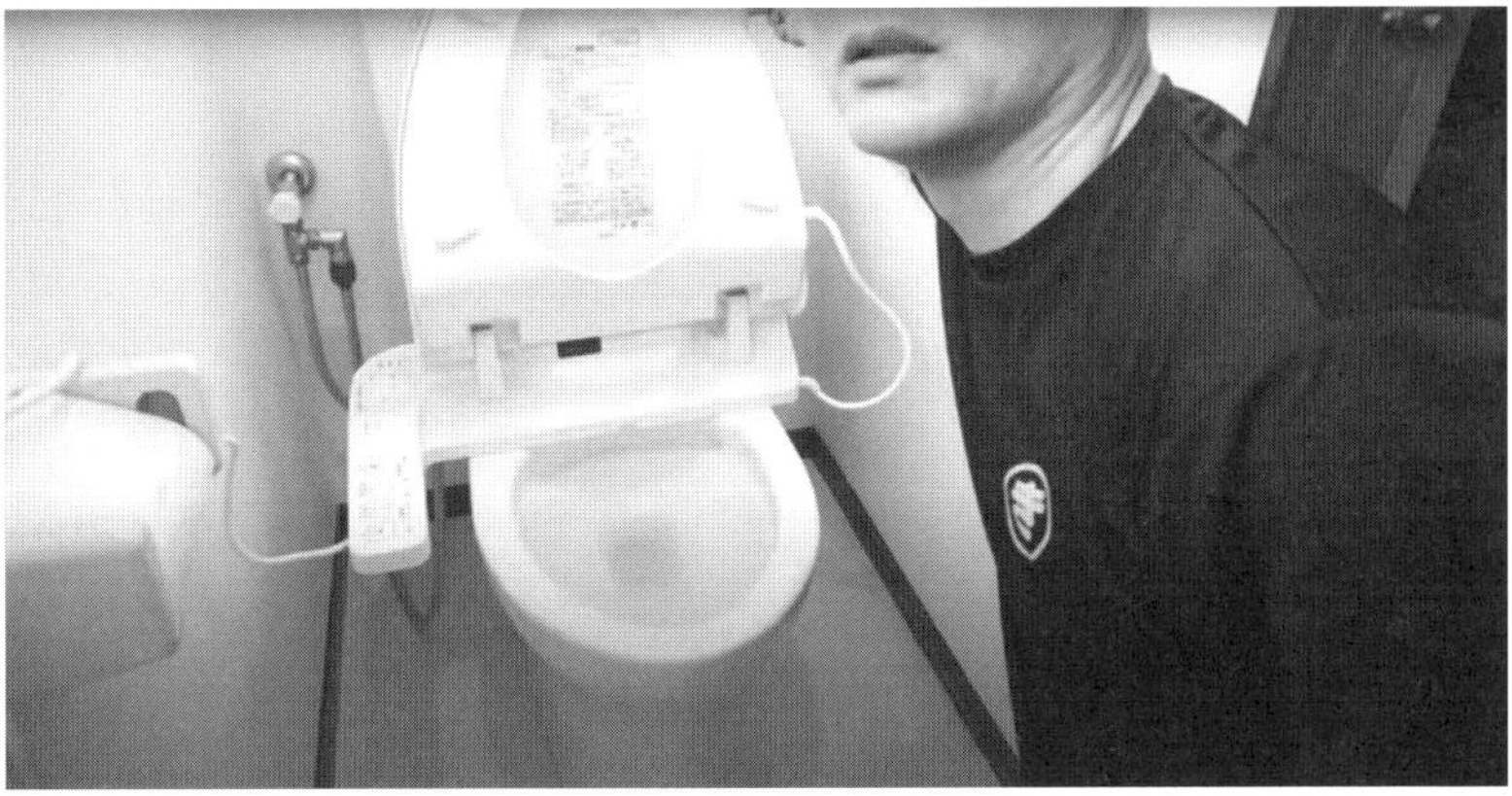

しっかり水を流しましょう。

便器のフチにも酸性の洗剤を

ステップ6

オシッコが跳ね上がってくるところは
フチなので、酸性のトイレ用洗剤は
フチによくかけましょう。
尿石を溶かしてくれます。
これでまた30分くらい
放置しておきます。

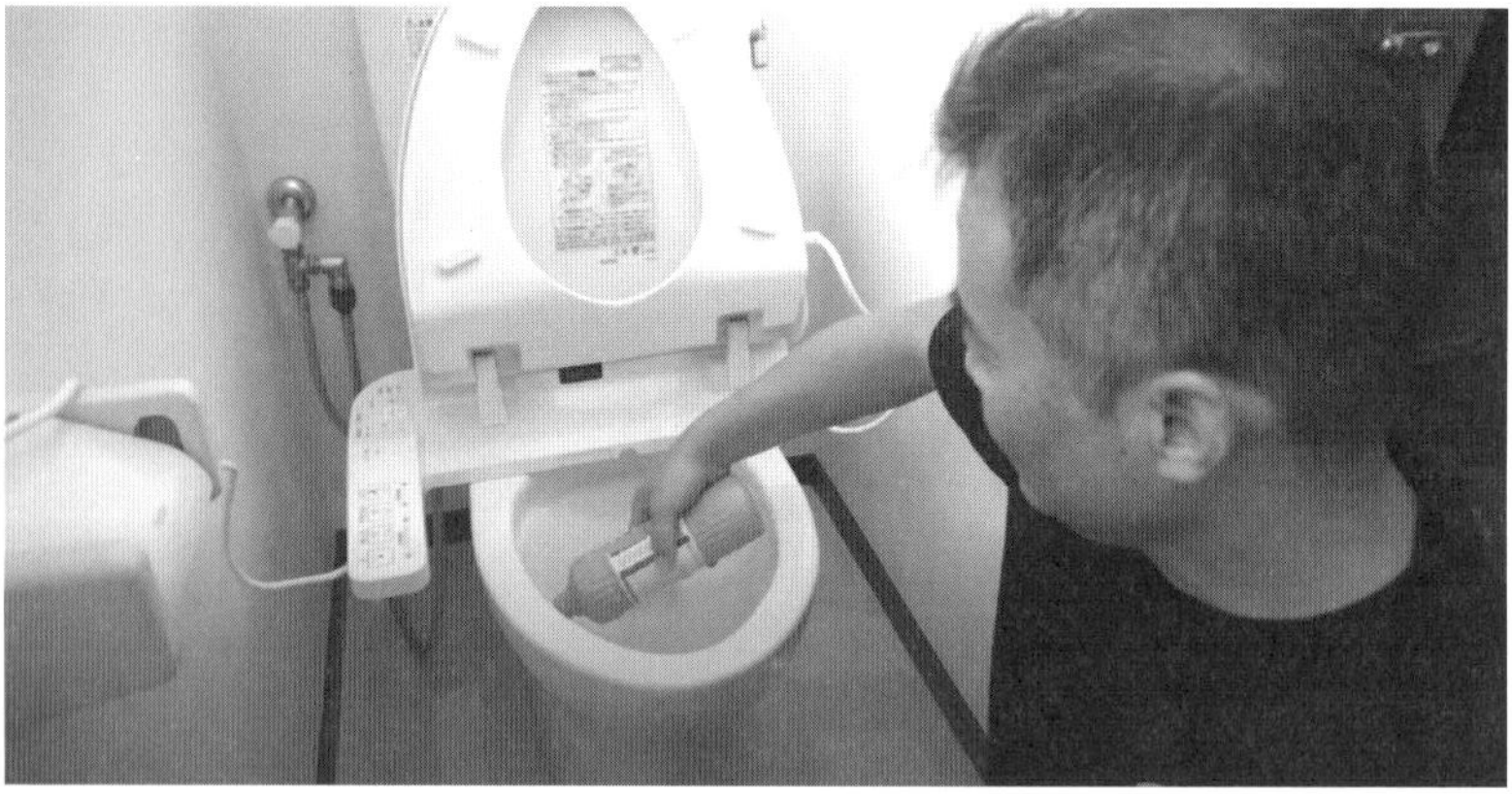

まんべんなくかけましょう。

すっきりキレイになりました！

アフター

30分経ちました。
水を流します。
今回、わたしは1回も
こすっていません。
洗剤をきちんと入れて
待っていただけです。
とてもキレイに取れています。
終了です。

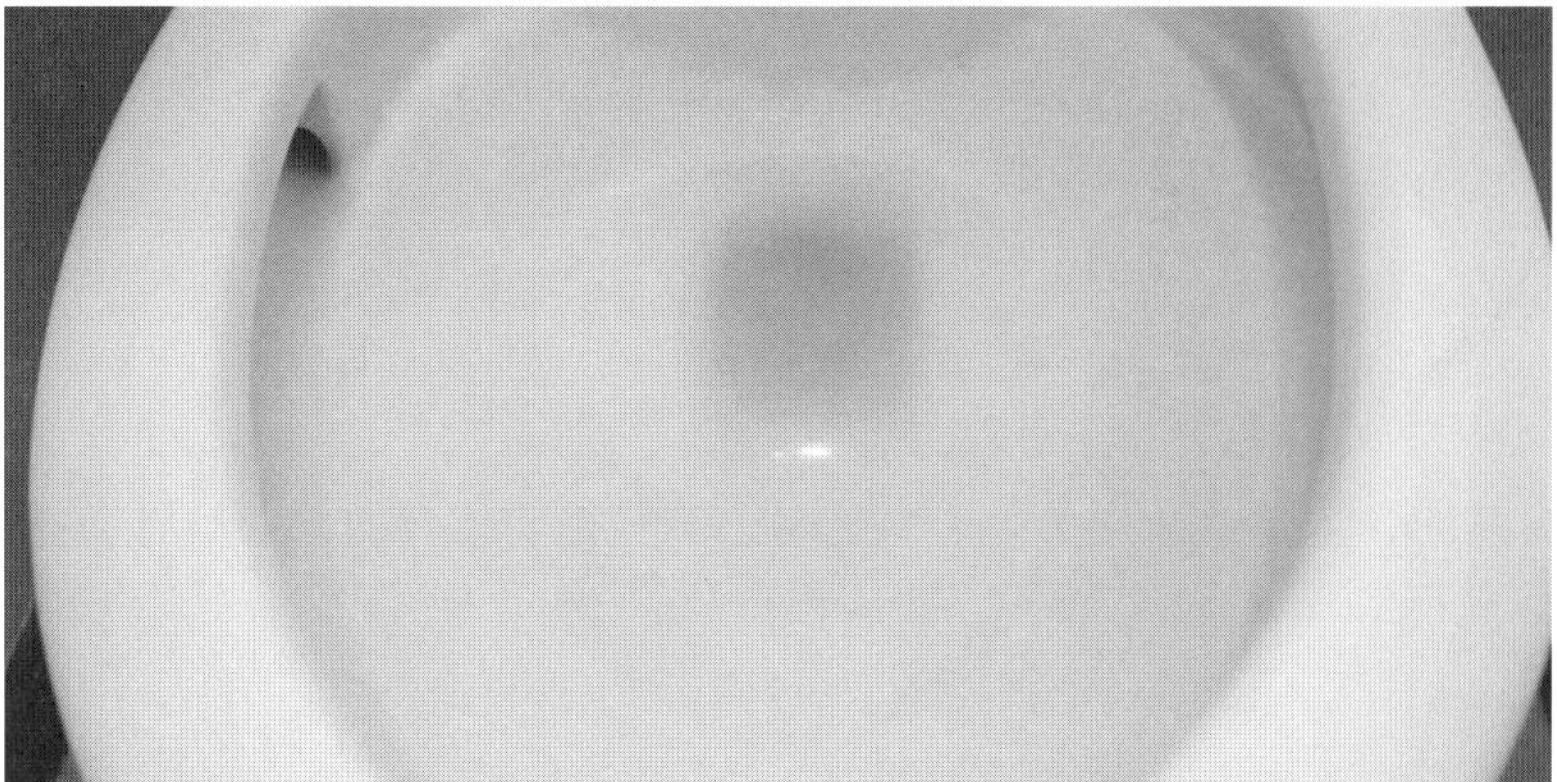

黒ずみも落ちていますね。

2

便器には陶器用スポンジと軽石！

思い切って、手でこすってみよう！

便器の洗いかた

ステップ1

タンクの上を中性洗剤で洗う

ステップ2

落ちない場所は陶器用スポンジを使う

ステップ3

金属部分をコゲ取りスポンジで磨く

ステップ4

便器を手で洗う

ステップ5

排水口の水を抜いて磨く

ステップ6

強めの酸性洗剤を輪ジミに塗る

ステップ7

陶器表面洗浄用スポンジで磨く

ステップ8

軽石タイプのクリーナーで磨く

ステップ9

ステップ7とステップ8を交互にくりかえす

手ごわい便器の汚れにチャレンジ！

ビフォー1

**ずいぶん汚い便器ですね。
陶器表面洗浄用スポンジと
軽石を使って、
これをピカピカにします。**

汚れがこびりついています。

便器まわりの汚れもチェック

ビフォー2

タンクの上もかなり汚いですね。

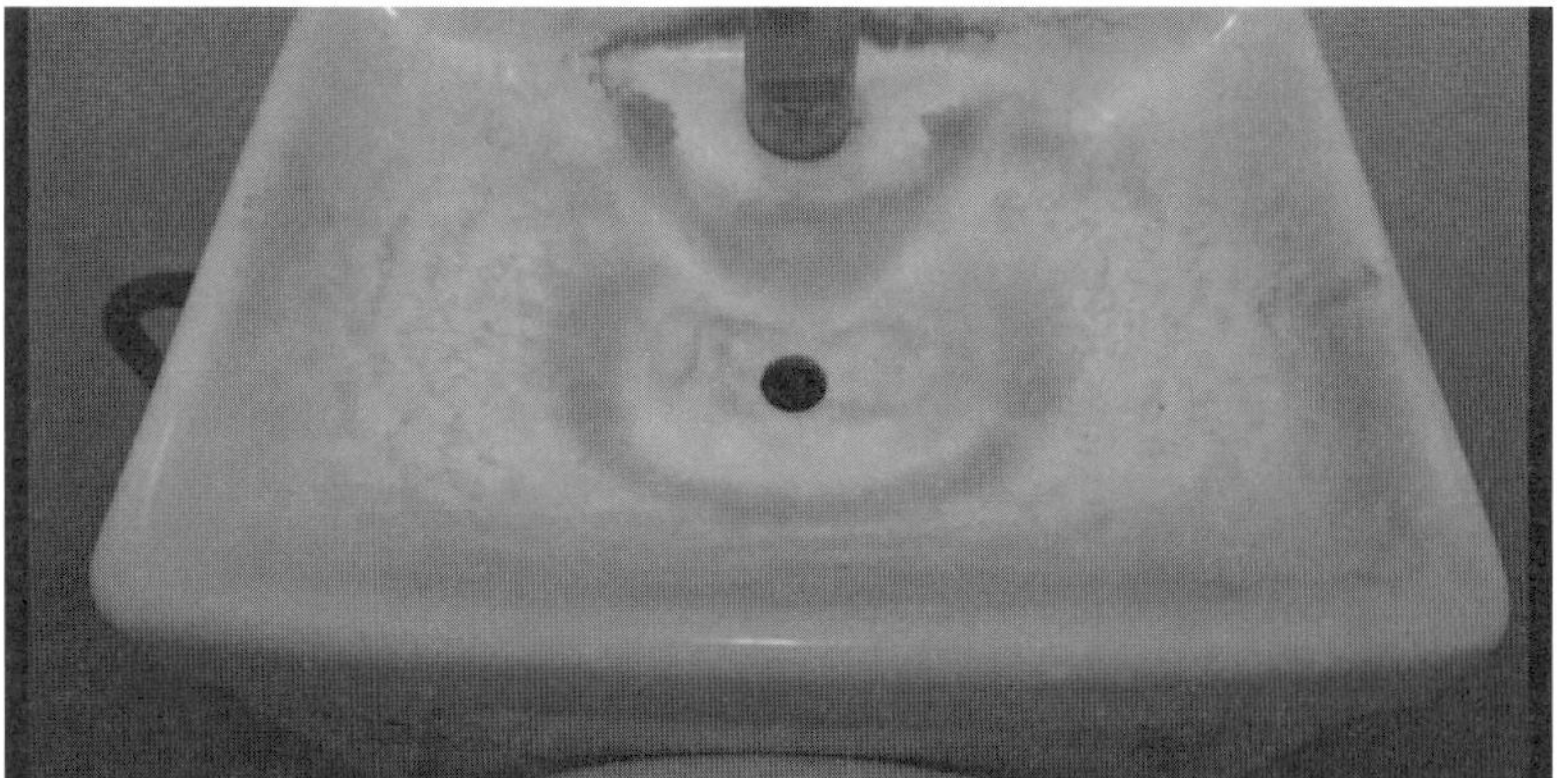

汚れたタンクの上。

まずは、中性洗剤で洗います

ステップ1

**タンクの上の汚れは水アカです。
まずはスポンジと洗剤で
洗ってみましょう。
普通の硬いスポンジに中性洗剤を
かけて、水をつけながら
ひたすらこすります。
でも、あまり落ちません。**

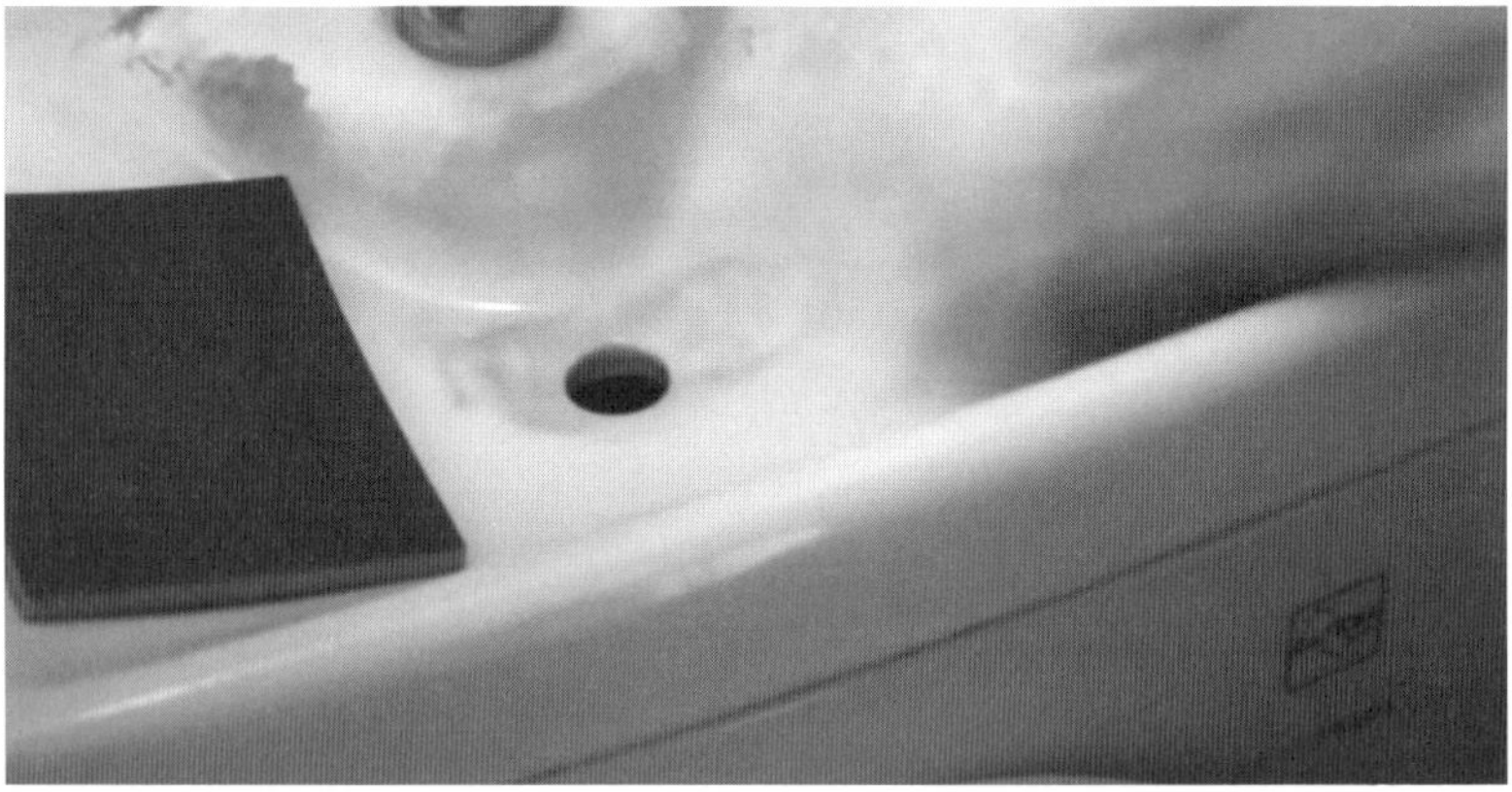

スポンジでこすります。

落ちないときは陶器用スポンジに変える！

ステップ2

これが陶器表面洗浄用スポンジだと、水に少し濡らしてこするだけで、汚れが簡単に落ちます。

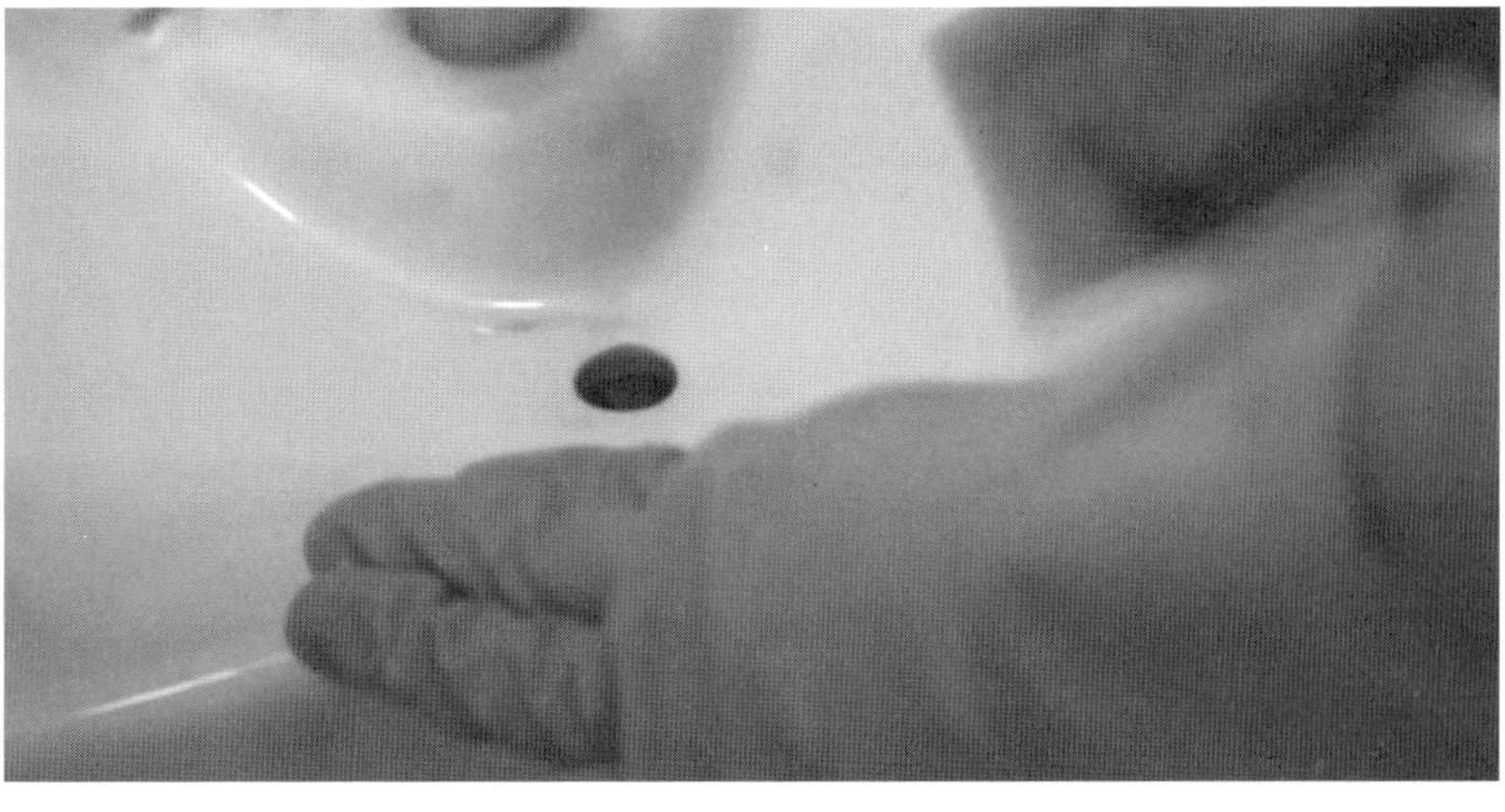

カンタンに汚れが落ちます。

ステップ3

タンクの金属部分は、コゲ取りスポンジで磨くと便利です。スチールがついているスポンジです。

コゲ取りスポンジが便利。

便器は手でやるのがベストです!

ステップ4

今度は便器です。
かなり汚いですよね。
手を突っ込みたくないっていう人もいますが、手でやったほうが早いです。

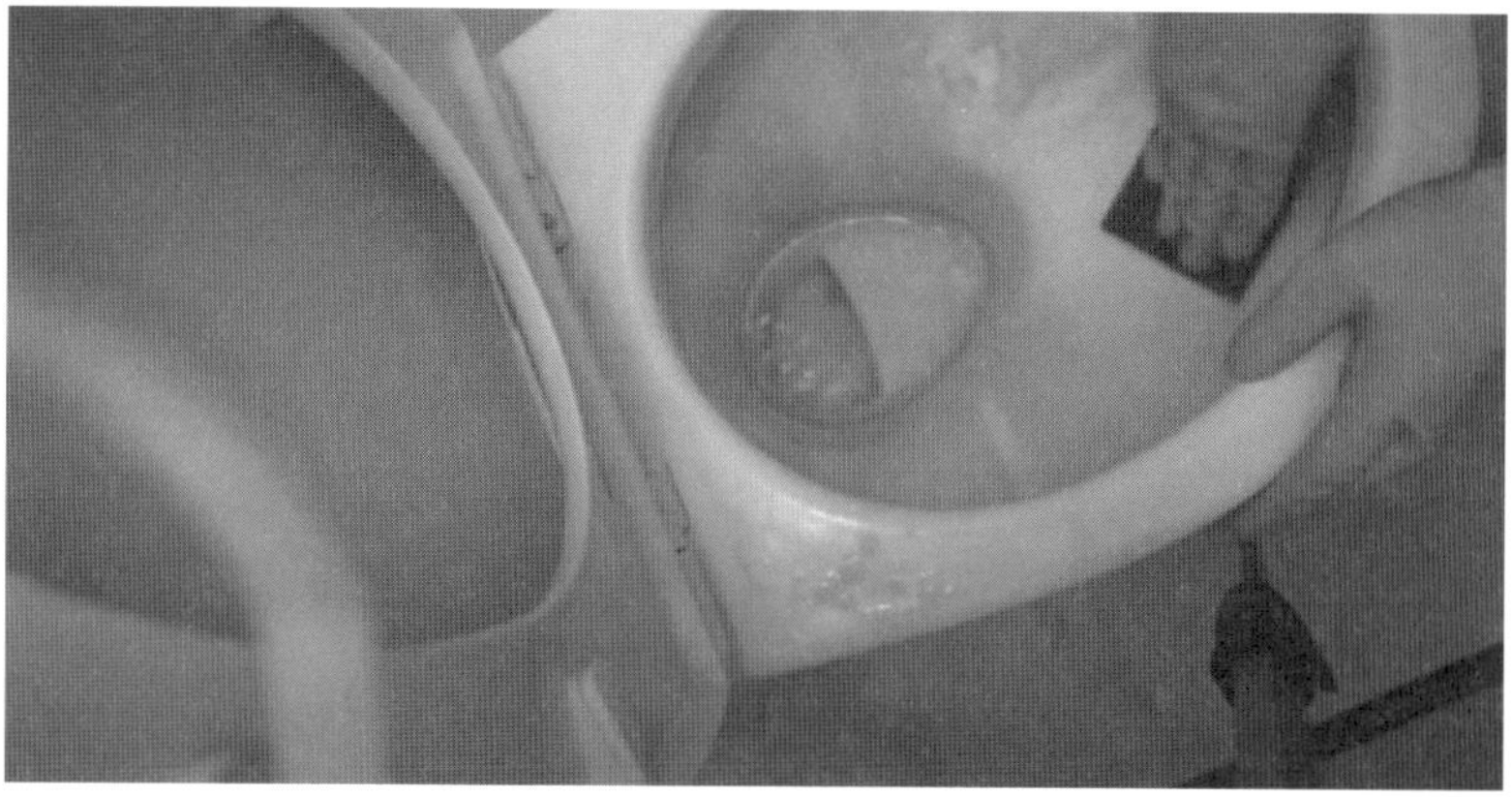

思いきって手を入れてみる。

輪ジミ解消にトライ！

ステップ5

排水口の輪ジミは、
水を抜いて磨きます。
手で水を押し出してあげれば
水がなくなります。
手袋をしているので大丈夫。
怖いものなし。

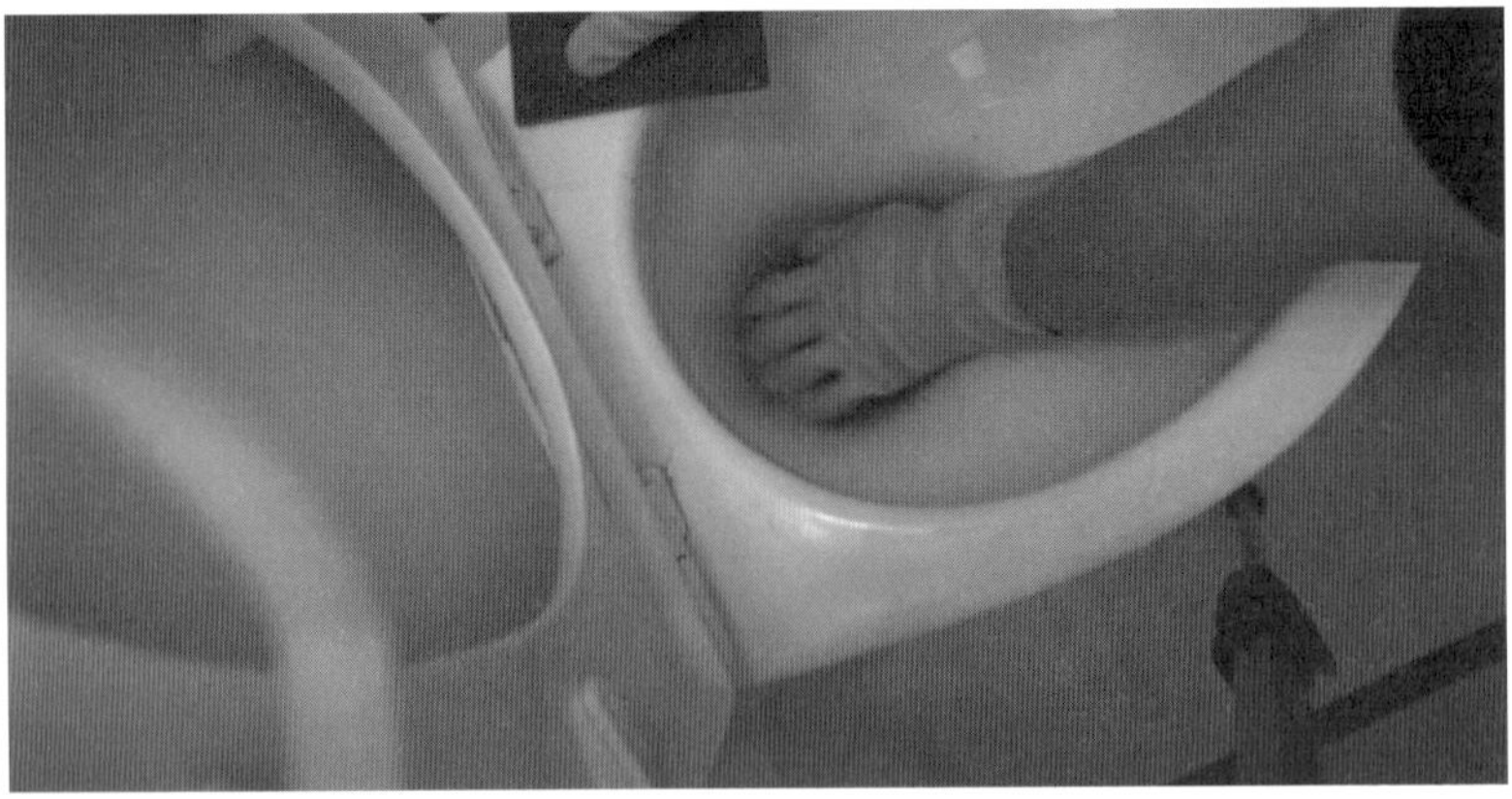

水を抜くのが大切です。

洗剤をハケで塗ります

ステップ6

水がなくなれば、ちょっと強い酸性洗剤（酸性のトイレ用洗剤のちょっと強いやつだと思ってください）を、ハケで輪ジミの部分やフチの部分に塗ります。

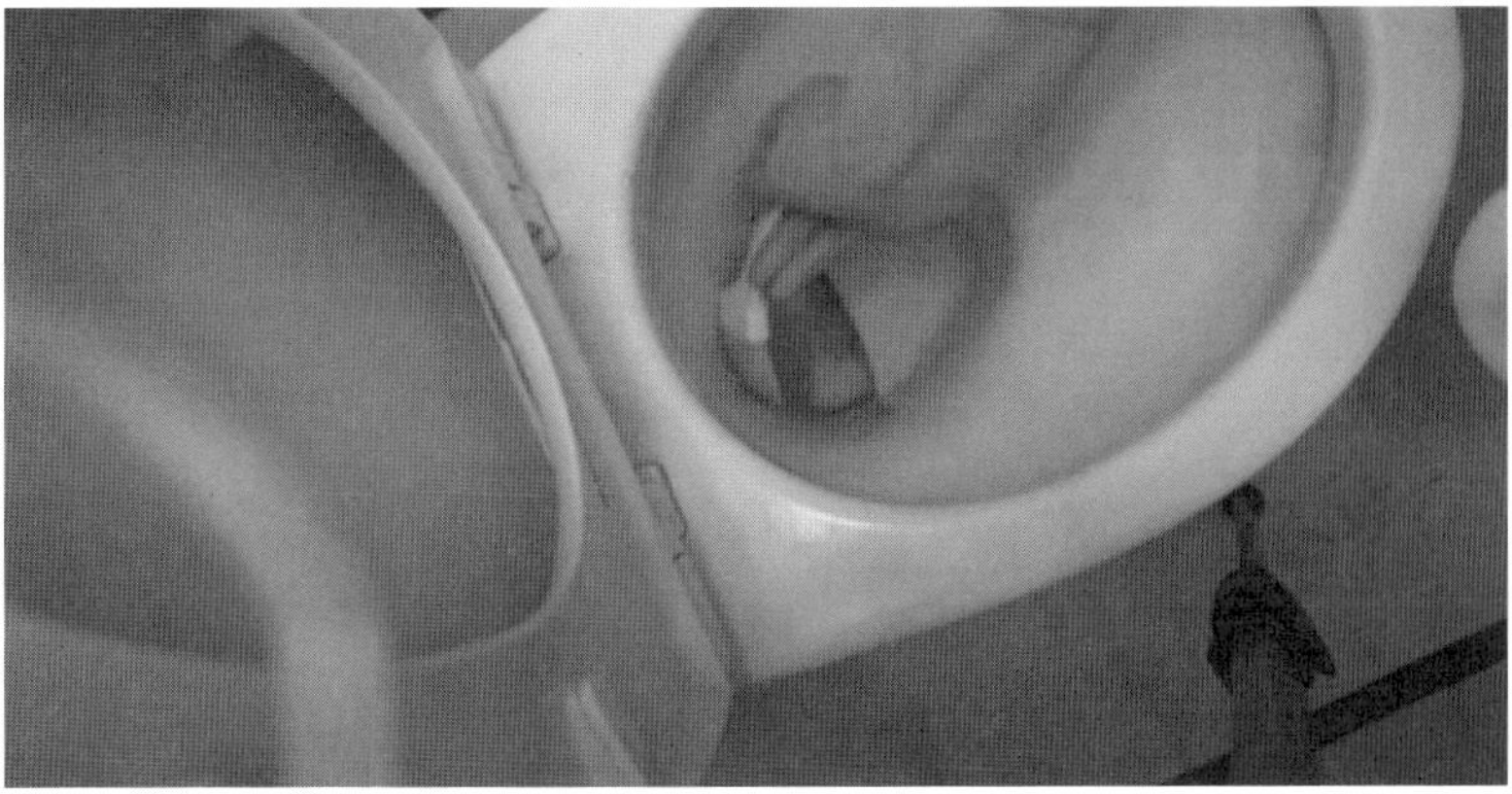

強めの酸性洗剤を塗布。

一心不乱に磨きあげます

ステップ7

フタを閉めて、タンクとか、
まわりを洗っていきます。
まわりの掃除が終わったら、
フタを開けて、水を流して、
陶器表面洗浄用スポンジで
ひたすら磨きます。

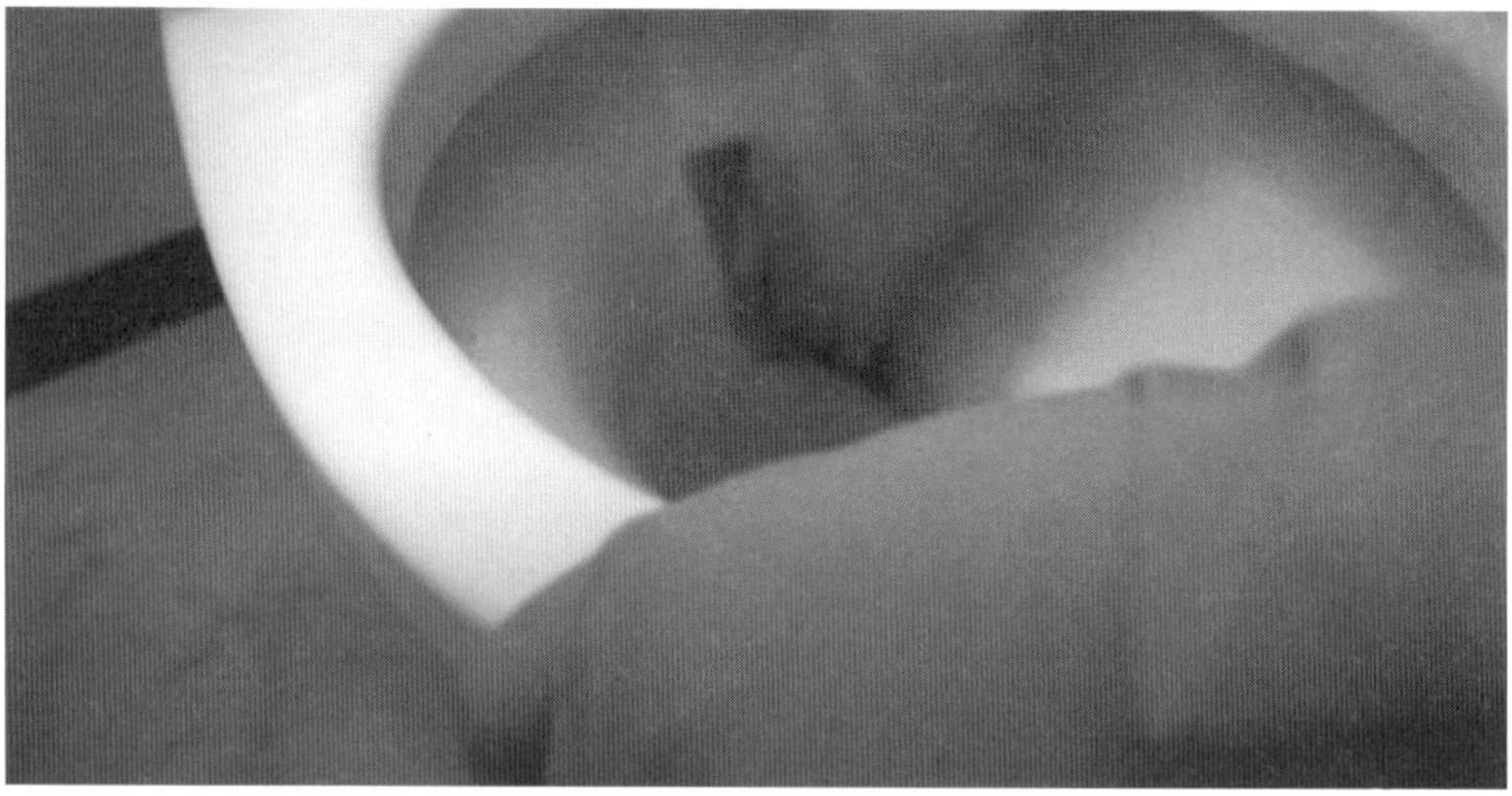

無心でこすります。

軽石タイプのクリーナーで仕上げます

ステップ8

ラストスパートにこれを使います。
掃除用クリーナースティックという
軽石みたいなものです。
これでこすると落ちるんです。
軽石でもけっこうです。

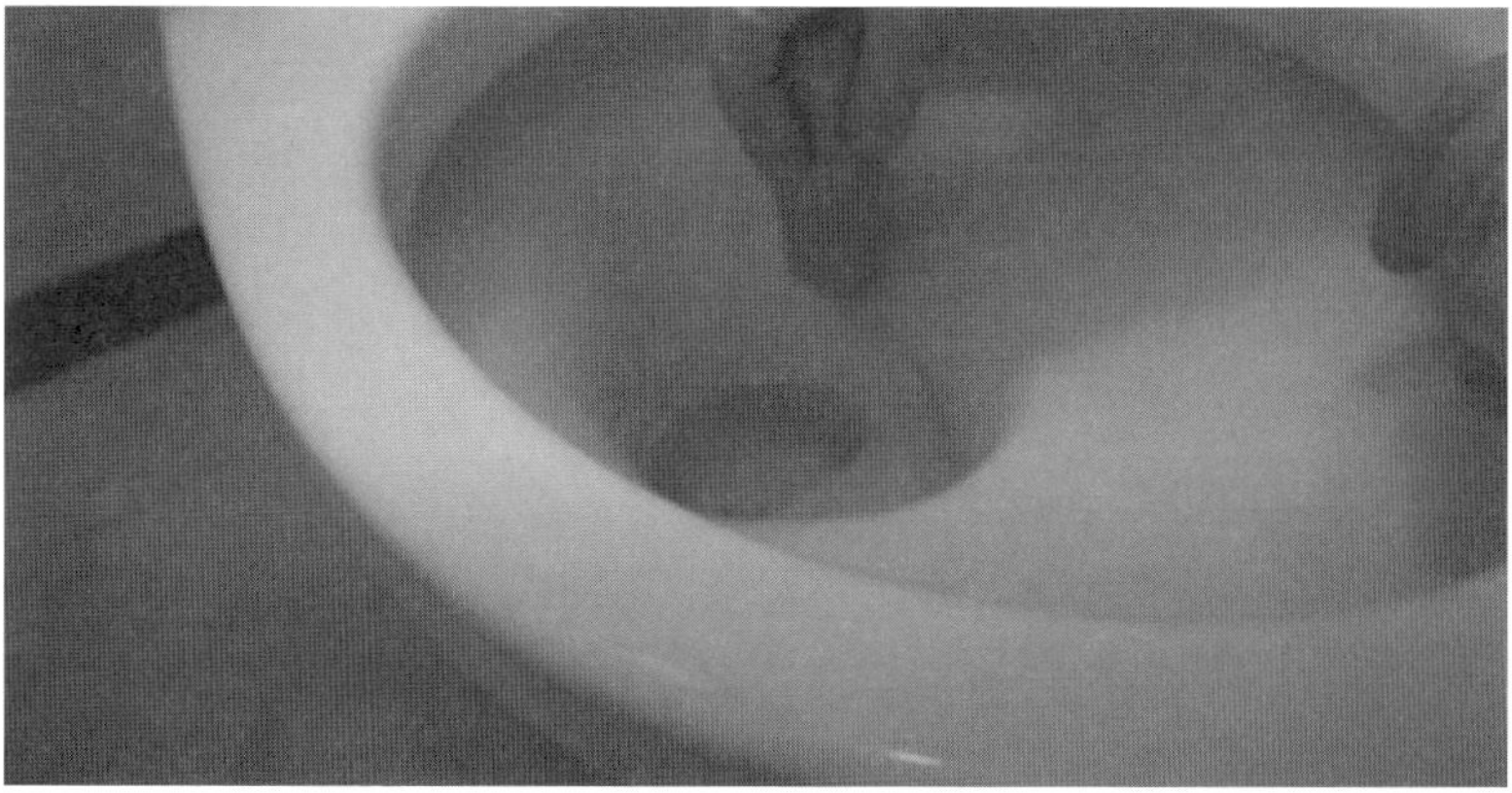

もう少しでカンペキです。

軽石の粉を利用して落とします

ステップ9

ザラザラした掃除用クリーナースティック
（軽石）の粉が出ます。
それを、陶器表面洗浄用スポンジで
転がすようにして磨きます。
掃除用クリーナースティックと
陶器表面用スポンジを交互に
使って落とします。

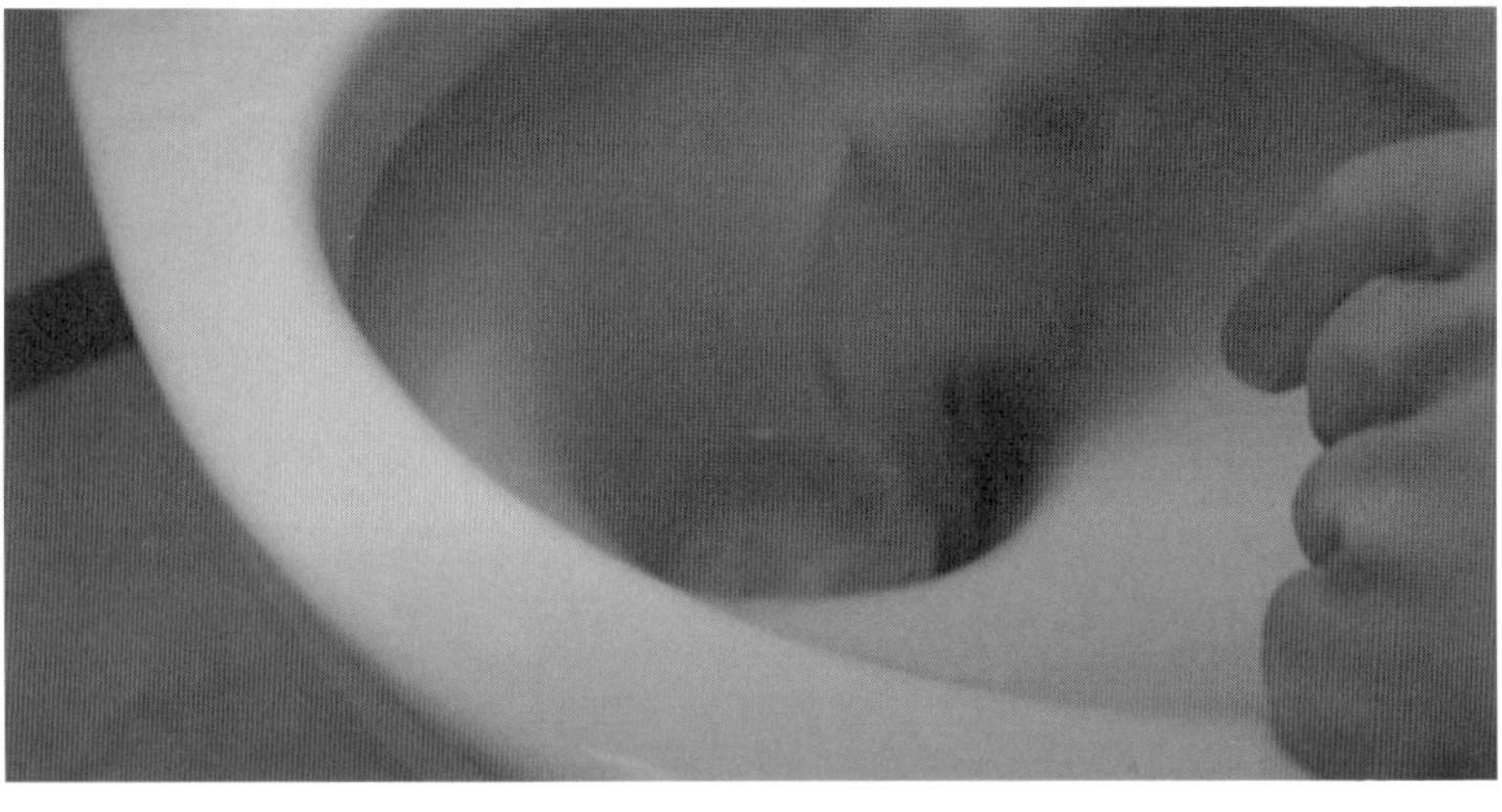

粉を転がすようにしていくのがコツ。

すっきりキレイになりました！

アフター1

いかがですか？
とてもキレイになりましたよね。

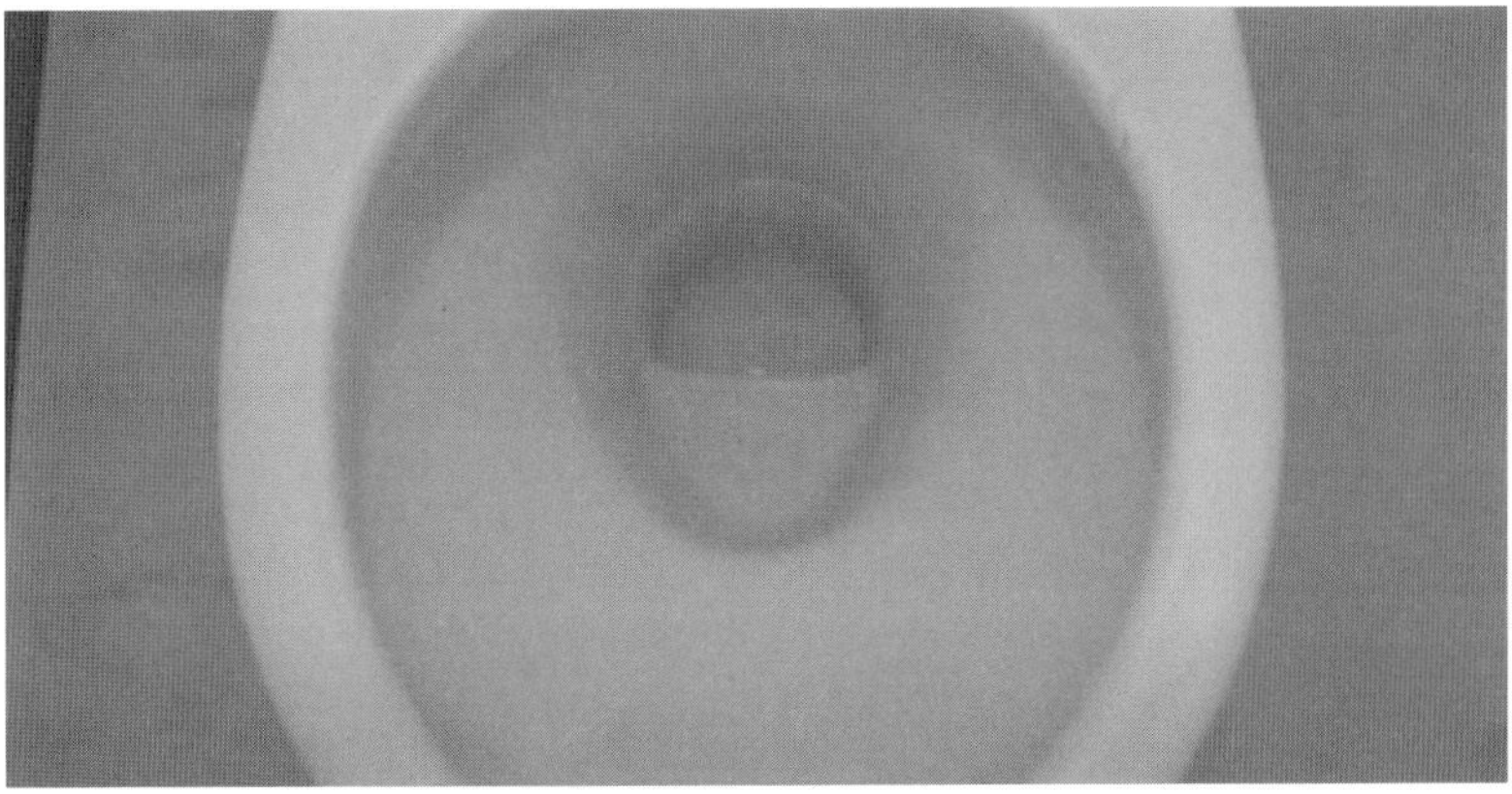

真っ白になった便器。

便器まわりもキレイです!

アフター2

タンクの上もピカピカです!

キレイになったタンク。

家庭でのトイレ掃除のアドバイス

トイレは洗剤を効果的に使用しましょう。酸性洗剤は黄色い尿石を溶かしてくれますのでトイレ内のフチに塗布しましょう。トイレが臭っているのはだいたい尿石が原因です。黒い汚れはカビであることが多いので、その場合は塩素系洗剤を使用してください。水の出口、水ぎわによく見られる「さぼったリング」もこれで消えることが多いです。どうしても落ちないガンコなものは物理攻撃で削りましょう。

COLUMN

温水洗浄便座の外しかた。

（御使用の温水便座の取扱説明書をご覧ください。）

どんなに掃除しても、トイレの臭いが消えない場合があります。そういうとき、もし温水洗浄便座を使っていたら、そこに臭いの原因がある可能性があります。

温水洗浄便座を使用すると、便器内に水が飛び散ります。水滴がさらに跳ねてしまい、便座自体が濡れることで、水アカが発生します。また、ノズル部分は水に触れている部分が多いため、自然と水アカが溜まりやすい状態となっています。

水アカがカビにまで発展してしまうと、見た目が汚くなるだけでなく、悪臭の原因にもなります。表面だけキレイに掃除しても、裏面や接合部には、汚れがびっしり残っている場合があります。

温水洗浄便座は意外と簡単に外れ、慣れると20秒くらいであっという間に分解できます。月に1回くらいは分解して掃除することをオススメします。

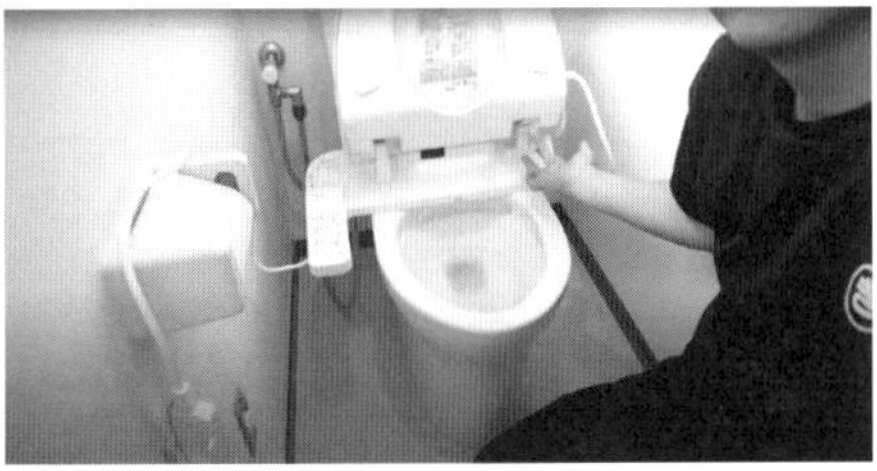

→ ステップ1

ここにある2か所のクリップを上げます。

← ステップ2

すると、簡単に便座が外れます。

→ ステップ3

さらに、ここを内側にスライドさせて外します。

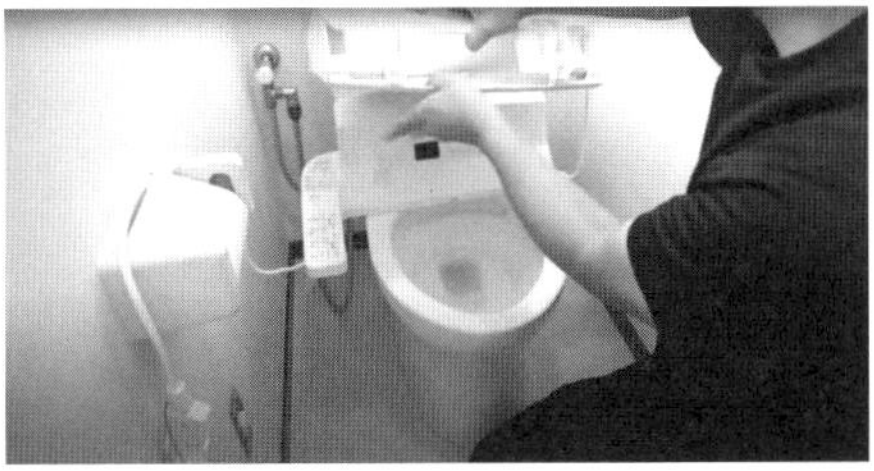

← ステップ4

ここを外すとフタが取れます。

← ステップ5

やっぱりこういうところが汚いと臭います。フタは、お風呂場などで中性洗剤で洗ってください。

→ ステップ6

便座の部分も、汚くなって尿石などがついています。たまには外して洗うのもいいと思います。

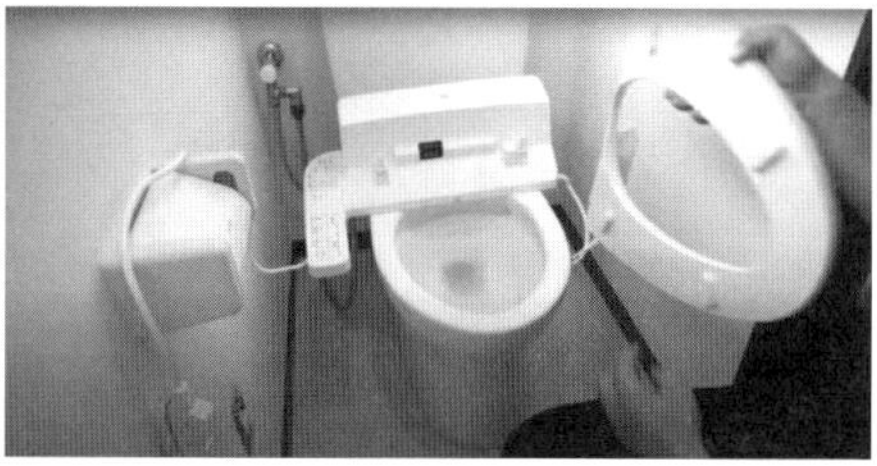

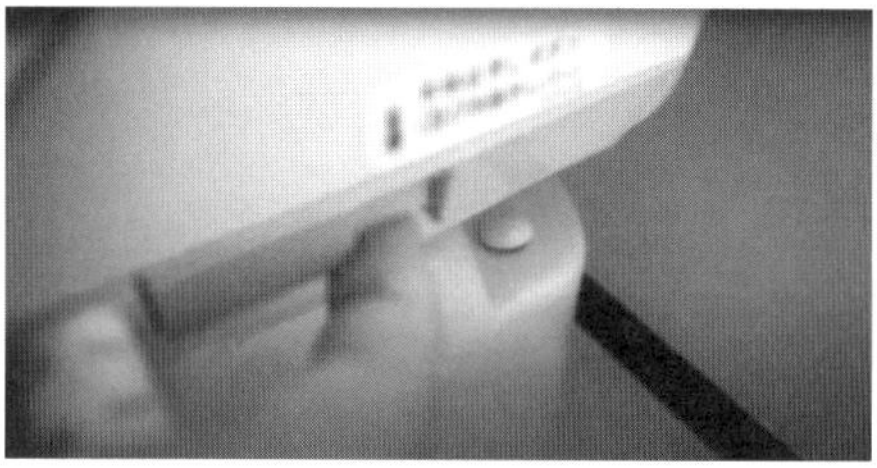

← ステップ7

ここにボタンがあるんです。

→ ステップ8

これを押すと手前にズレます。

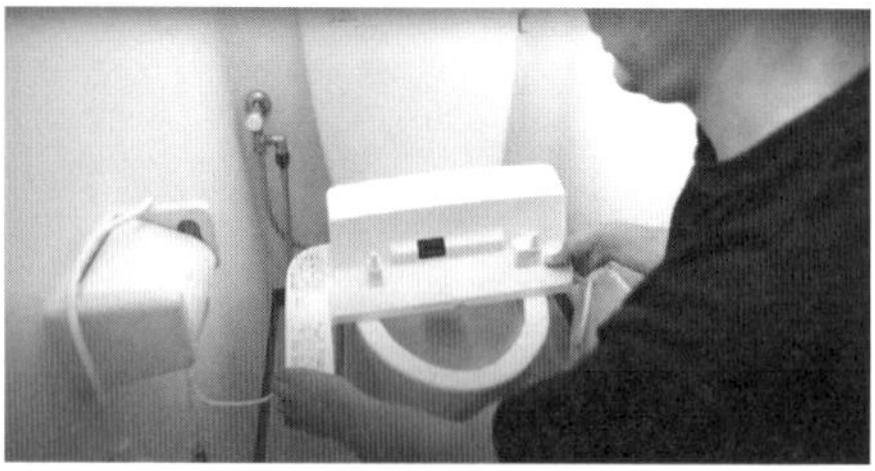

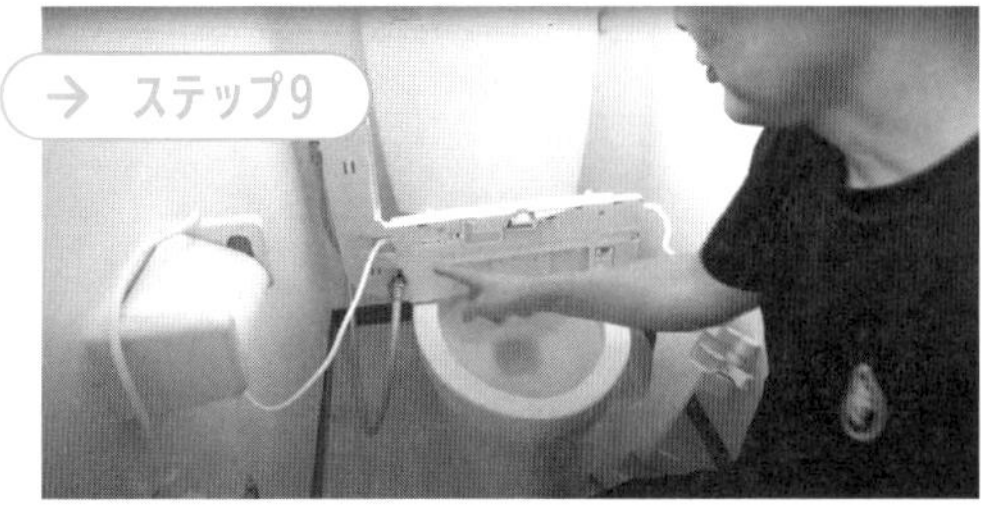

ここが汚いんです。ここに黄色い汚れがついています。

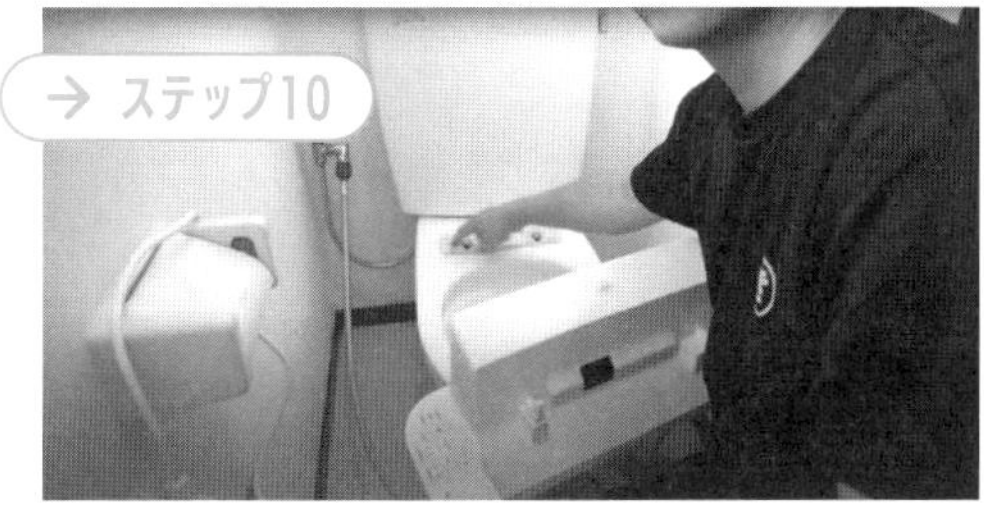

あと、この下が黄色くなっています。どんなに掃除しても臭うなあというときは、ここに黄色い尿石がついている可能性があります。

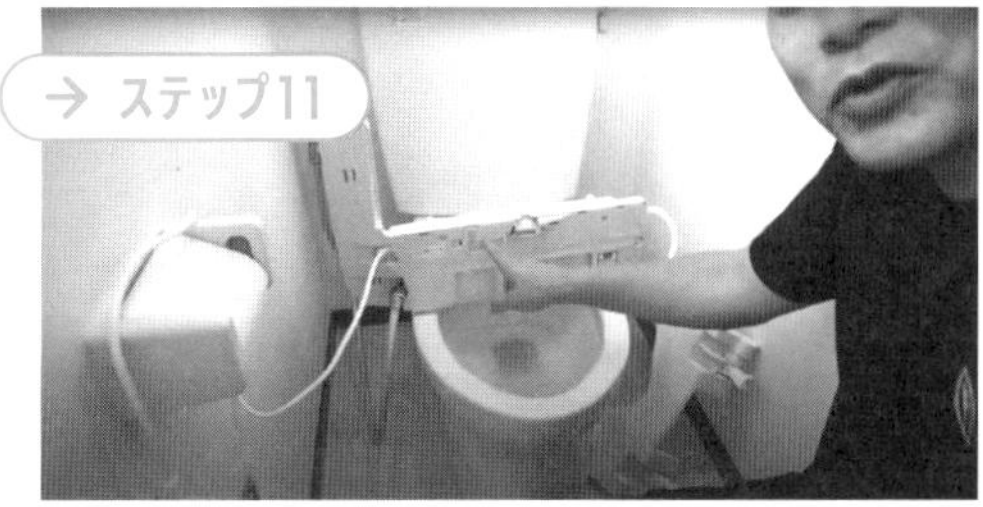

あともうひとつ、消臭フィルターがついているんですが、これが黄色くなって目が詰まっていることがよくあります。これを外してキレイに洗うと、臭いの原因を抑えられます。

あとがき

みなさんが水まわりを洗って気持ちよい毎日を過ごせますように。

最後まで読んでいただきまして、本当にありがとうございます。

お掃除の技術は学校の授業で勉強したり、誰かに教わる機会は少ないのではないでしょうか？

また、普段の生活のなかで誰かが掃除しているところをじっと見ることもあまりないかもしれません。

そこでこの本を通してみなさんに水まわりのお掃除の基本を知っていただければ幸いです。

同じお掃除の仕方でもちょっとしたコツを知っていれば、より簡単に家の中をキレイにでき気持ちよく爽やかに暮らせることでしょう。

みなさんが近所のスーパーへ買い物に行くとき、遠回りしていきますか？　それとも、最短距離を行きますか？　特売品を買えると嬉しいですか？　1円でも安いものを探しますか？　清掃もそれと似ています。

わたしの目指している清掃のひとつに、時短清掃があります。道具や洗剤の使いかた、または、使う順番によってかかる時間が大幅にちがってきます。それでわたしはいかに最短距離で汚れを落とすことができるか日々考えています。時短清掃で空いた時間は他のことに使うことができますよね。

また、低コストの清掃も目指しています。商品棚に並ぶ洗剤は安いものから高いものまでさまざまあります。しかしよく注意してみると高額洗剤とリーズナブルな洗剤とで、内容成分はさほど変わらないものもあります。なぜでしょうか。

それは、広告宣伝費やパッケージ代などが上乗せされているからです。ですからこの本でも述べたように、洗剤を選ぶときは商品名ではなく、成分表に注目しましょう。低コスト清掃で浮いたお金は自分へのご褒美などに使うことができますね。普段からお掃除を心がけていると生活に良いサイクルが生まれます。家庭内の雰囲気も明るくなりますし、何より自分自身がポジティブになれるのでお掃除には良いことしかありません。

わたしは清掃の仕事を40年近くおこなっております。年間を通し、色々なお宅へ清掃にうかがいます。おうちのなかを更にキレイにしたいという方に呼ばれることもありますし、片づけや掃除が苦手というお宅に呼ばれることもあります。家のなかがキレイになるとみなさんから感謝をされます。たとえば「こんなにキレイになるとは思わなかった」「これで孫と一緒に暮らしていける」「もっと早く依頼すればよかった」「キッチンを全部取り替えなければいけないと思っていたけれど、お掃除でこんなに蘇るとは思わなかった。交換しなくて済むので嬉しい」などとよく言われます。清掃は本当にやり甲斐のあるとてもいい仕事だと私は思っています。

わたしが普段おこなっているハウスクリーニングの仕事では、家丸ごと一軒を掃除します。窓サッシや床、照明器具、壁紙、玄関などすべての場所に手をつけますが、やはり一番厄介なのは水まわりです。水まわりはとても汚れやすくなおかつ汚れが取れにくい場所です。ここをいつもキレイにしておくと爽やかで気持ちの良いものです。ちょっとしたコツで簡単かつ低予算でキレイを保つことができれば、こんなに嬉しいことはありません。

この本を通して少しでもみなさんのお役に立てるなら幸いです。

そして、ぜひよろしければわたしのＹｏｕＴｕｂｅ動画もご覧ください。「お掃除職人きよきよ」で検索していただくとすぐ見つかります。

最後になりましたが、この本を出版するにあたり、多大な協力をいただきました、株式会社興陽館様並びに編集スタッフの皆様には重ねて御礼申し上げます。

お掃除職人きよきよ

毎日《まいにち》がピカピカになる
「水《みず》まわり」の洗《あら》いかた
トイレ・キッチン・風呂場の汚れがおもしろいほど落ちる!

2023年3月15日　初版第1刷発行

著者　お掃除職人《そうじしょくにん》きよきよ

発行者　笹田大治
発行所　株式会社興陽館
東京都文京区西片1-17-8 KSビル
TEL:03-5840-7820
FAX:03-5840-7954
URL:https://www.koyokan.co.jp

構成　新名哲明
校正　結城靖博
装丁　時川佳久(マッシュルームデザイン)
イラスト　坂木浩子(株式会社ぽるか)
編集協力　稲垣園子
編集補助　伊藤桂+飯島和歌子
編集人　本田道生

印刷　恵友印刷株式会社
DTP　有限会社天龍社
製本　ナショナル製本協同組合

Printed in Japan
ISBN978-4-87723-306-8 C2077